MONOGRAPHIE

DU

COUVENT DE BOULAUC.

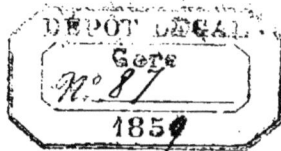

MONOGRAPHIE

DU

COUVENT DE BOULAUC

DANS LE CANTON DE SARAMON

(Gers),

Par M. Ferdinand CASSASSOLES.

AUCH

IMPRIMERIE ET LITHOGRAPHIE DE FOIX FRÈRES, RUE BALGUERIE.

—

1859

A SA GRANDEUR

MONSEIGNEUR ANTOINE DE SALINIS,

OFFICIER DE L'ORDRE IMPÉRIAL DE LA LÉGION-D'HONNEUR,
CHEVALIER DE L'ORDRE PAPAL DU SAINT-SÉPULCRE,

ARCHEVÊQUE D'AUCH,

PRIMAT DE LA NOVEMPOPULANIE ET DES DEUX NAVARRES,
ETC., ETC.,

HOMMAGE

DE PROFONDE VÉNÉRATION.

> « Le plus amer des *dénis* de justice...
> » c'est *l'oubli!*... Pour qui ont-ils donc
> » travaillé.. nos ancêtres? Est-ce pour
> » le vent qui souffle, pour l'herbe qui
> » pousse, pour l'hirondelle qui passe,
> » pour la pluie qui tombe, pour la nuit
> » qui descend ???»

(VICTOR HUGO. — Le Rhin.)

Au moment d'entrer en matière, il nous prend envie *de faire des réserves.* Peut-être préviendront-elles des objections, ou serviront-elles à modérer, sinon à conjurer la critique.

Ce n'est pas *un livre* que nous avons eu la prétention de composer; c'est *un hommage* que nous désirons rendre, des *souvenirs* que nous cherchons à conserver.

Faire un ouvrage eût été téméraire, éloigné que nous sommes des grands centres littéraires et privé de la ressource de volumineuses collections.

Essayer d'une *monographie* ne nous a pas paru trop

ambitieux, lorsque l'excuse surtout se trouve dans le mobile désintéressé qui nous dirige..... Et qui est :

« *De colliger, réunir, classer des matériaux épars* » *dont une main habile saura se servir probablement un* » *jour pour édifier une histoire générale de notre Gas-* » *cogne.* »

A chaque instant, on rencontre des ruines vénérables, on découvre des documents précieux.

Les unes sont défigurées, tronquées par le marteau ou la pioche; les autres lacérés, pollués, effacés par des mains brutales. Et ce ne seront pas toujours des gens illettrés ou de bas étage qui auront commis ce *vandalisme*, si l'on songe que le gentilhomme Guiscard saccageait à Rome, au xie siècle, avec ses bandes normandes, les plus beaux monuments de l'art antique, sous prétexte de *religion* et en haine du *paganisme,* de même que, plusieurs siècles après, des novateurs philosophes détruisaient, anéantissaient les plus riches archives sous prétexte de *patriotisme* et en haine de la *féodalité.*

Il y a donc quelque chose à faire : réunir ces lambeaux qui nous restent; les arracher à l'oubli en les préservant de la destruction des hommes, des injures du temps?

Mais si on autorise les *collections;* sera-t-on aussi indulgent pour les *compositions?* Pourquoi non?

Assurément, elles seraient impossibles, pour la plupart, si l'on exigeait qu'elles fussent conduites « *tout d'une pièce,* » c'est-à-dire sans interruption.

Mais la méthode de Cuvier est admise dans toutes les branches de la science; et si, à travers ces monuments épars, incomplets et défectueux, on rencontre des lacunes regrettables qu'auraient si bien remplies ces écrits d'un autre âge « au style simple et naïf si empreint d'une couleur locale, » ne sera-t-il pas permis d'y suppléer un peu par des réminiscences historiques et des réflexions critiques, afin de renouer la chaîne des temps et réunir en faisceau ces fragments dispersés?

C'est le sort des monographies d'être plus ou moins utiles et intéressantes, selon qu'elles reposent sur des étais faibles ou puissants; en un mot, selon que la veine a été féconde pour le pionnier littéraire qui a consenti, par amour de la science et souvent par patriotisme, à s'ensevelir dans la poudre des bibliothèques, dans les décombres des archives.

Et s'il en sort parfois, heureux et triomphant, apportant quelque trouvaille, faut-il le repousser?

.Hélas! il n'y a déjà que trop de déceptions dans les recherches, trop de découragement dans ce rude labeur; et trop souvent aussi l'insuccès arrache cette éloquente lamentation de Lucain : « *Etiam periere ruinæ.* »

MONOGRAPHIE

DU

MONASTÈRE DE BOULAUC.

Sceau du Monastère de Boulauc.

A l'Est de l'ancienne Climberris (Auch), après avoir parcouru vingt-cinq kilomètres environ, on découvrait encore, au commencement du XIIᵉ siècle, entre les rivières de l'Arratz et de la Gimone, une agglomération d'habitations, une circonscription territoriale formant une communauté organisée ayant son château, son seigneur, son église, son patron spirituel, et même, plus tard, son administration municipale.

Ce lieu s'appelait *Saint-Germier*, et l'on y célèbre encore annuellement la fête patronale de ce saint évêque, de Toulouse, le 16 mai, jour anniversaire de son trépas (1).

Vers la même époque, on y éleva un *monastère* dont la fondation est due à la maison des comtes d'Astarac, si connue dans le pays de Gascogne.

Il n'y avait guère plus de deux siècles (en 920) que le *Comté d'Astarac*, lui-même, venait d'être créé au moyen d'un démembrement du duché de Gascogne par Garsie-Sanche dit le *Courbé*, qui en était le chef. Il en détachait la *circonscription de l'Astarac* pour la donner au dernier de ses enfants *Arnaud-Garsie*. Par cette attribution anticipée et partielle de patrimoine, celui-ci prenait le titre de *premier comte d'Astarac* et devenait le chef de cette maison.

Au milieu du siècle suivant, 1050, un des descendants d'Arnaud-Garsie, et son successeur, comme chef de la maison d'Astarac, bâtissait, à quelques kilomètres de Saint-Germier, un château-fort dans une position avantageuse, sur l'emplacement d'une sorte de citadelle qui avait longtemps servi de refuge et de boulevard à des bandes de pillards, demeurés les derniers, de ces Sarrasins d'Espagne récemment repoussés au-delà des monts pyrénéens.

C'était le château de *Castelnau-de-Barbarens*.

Il était une des quatre châtellenies du comté d'Astarac. Naguère encore on pouvait en admirer les ruines majestueuses qui révélaient ses vastes proportions primitives.

---

(1) Brugèles, *Chron. diocés.*, part. 3ᵉ, p. 394.

Ce devait être en effet un sûr et redoutable manoir pour les comtes d'Astarac, puisqu'ils y avaient amoncelé « *les archives de tout le comté* (1). »

Ils possédaient un *château* dans ces parages. Pourquoi n'y auraient-ils pas eu aussi leur *couvent?*

C'était l'époque des grandes *fondations* de maisons religieuses... le moment où l'esprit monastique se forme, se développe et s'établit fortement sur plusieurs points de la France. De toutes parts on se sentait vivement entraîné par l'austérité de mœurs et l'éloquence inspirée de novateurs célèbres qui prêchaient hardîment la prière, le silence et l'isolement.

Abeilard élevait le Paraclet, Bernard établissait sa règle dans la vallée de Clairvaux, et Robert d'Arbrisselles «ce *chevalier errant du monachisme* (2),» fondait dans les landes du Poitou cette maison célèbre dont la discipline créait un principe sans précédent dans l'histoire ecclésiastique.

C'est à Fontevrauld « *Propter Locum Frontis-Ebraldi* (3) » qu'il érigeait un double monastère composé d'hommes et de femmes, assujétis, quoique séparés, à la même règle, et soumis à la domination d'une *abbesse* « *qui devait en être, constamment et par succession, la* » *directrice inamovible et absolue souveraine.* »

Quelque hardie que fût cette *innovation* dans le sein du christianisme orthodoxe où la prépondérance d'un sexe sur l'autre existait dans un sens inverse, le Pape

---

(1) Brugèles, *Chron dioc.*, part. 3e, p. 390.
(2) Henri Martin, *Hist. de France*, t. 3, p. 314.
(3) Henri Martin, *Hist. de France*, t. 3, p. 314.

n'en désavoua pas le principe, puisqu'il reposait sur une idée ingénieuse : « *Le pieux exemple donné au monde par N.-S. Jésus-Christ de sa respectueuse soumission aux volontés de la sainte Vierge, sa Mère* (1).»

Loin de décourager le clergé dans ses tendances et l'esprit religieux dans son œuvre de rénovation, l'aristocratie lui donna force et assistance par un concours actif et puissant.

Autant les grands seigneurs avaient précédemment mis d'ardeur et de courage *à se croiser*, autant les plus grandes dames des meilleures maisons témoignèrent de dévoûment et d'abnégation *pour se cloîtrer*.

L'on vit alors une duchesse d'Aquitaine, Philippe, comtesse de Poitiers, offrir ses deniers à Gérard de Salles pour l'érection de l'abbaye de *Grand-Selves* (2).

Sur un autre point du territoire plusieurs princesses de la maison de Lorraine viendront relever, pour s'y ensevelir à tout jamais, les ruines du *monastère de St-Romaric* dans les déserts de *Remiremont* (3).

Une noble dame fera encore plus. Elle descendra les degrés les plus rapprochés du trône de France pour prendre la direction du couvent de *Haute-Bruyère*. C'est la comtesse Bertrade, la veuve du seigneur de Montlhéry, la belle-sœur de Louis VI, roi de France (4).

De si beaux exemples ne pouvaient passer inaperçus aux yeux des membres de la maison d'Astarac.

---

(1) Brugèle, *Chron. diocés.*, part. 3. p. 392.
(2) M. Jouglar, *Monographie de Grand Selves*, p. 181.
(3) M. Friry, *Monographie de Remiremont*, p. 3 et suiv.
(4) Henri Martin, *Hist. de France*, t. 3, p. 314.

Dejà quelques-uns de ses *comtes* avaient relevé des ruines de monastère, et érigé même des établissements de ce genre. Le comte Odon avait fait construire à *Saramon un monastère* sur les cendres d'un ancien prieuré (1), de même que les comtes Bernard II et Sanche II, père et fils, avaient érigé, en 1134, l'*Abbaye de Berdoues* (2).

C'était maintenant le tour des *femmes*, et la veuve de Bernard Ier ne manquera pas à sa mission, surexcitée surtout par les nobles précédents qui venaient de frapper son imagination dans la personne de Philippe, de Bertrade et des autres.

FONDATION.

Bernard Ier, comte d'Astarac, avait eu deux enfants d'un premier mariage, Aznaire Sanche qui lui succéda comme chef de la maison par ordre de *primogéniture,* et Bernard, deuxième de nom.

Il épousa en secondes noces « *noble dame Longue-Brune,* » dont il eut un fils nommé *Boamond,* qui mourut moine à Berdoues après une vie assez agitée.

A la mort de Bernard Ier, sa veuve eut la pensée de fonder un monastère. Non-seulement, elle désirait y terminer ses jours, mais elle voulait en avoir la *haute*

(1) Brugèles, *Chron. diocés.*, part. 2e, p 277.
(2) *Ibid,* part. 2e, p. 295 et 318.

direction. Aussi, lorsque le projet fut mis à exécution, s'empressa-t-elle d'adopter pour règle la discipline que Robert d'Arbrisselles venait *d'inaugurer* si heureusement, et qui lui donnait un droit de prééminence absolue. Elle voulut que le monastère fût « *de l'ordre de Fontevrault.* »

Aznaire-Sanche, devenu le chef de la famille, s'empressa de favoriser une si louable résolution, soit par une déférence respectueuse à l'égard de la veuve de Bernard Ier, son père, soit que la création d'un établissement religieux dût honorer sa maison, soit enfin pour ne pas faillir à cet esprit d'un culte pieux dont ses parents avaient donné l'exemple dans des circonstances récentes et sur d'autres points du comté.

Il possédait des biens dans le territoire de St-Germier ; ils consistaient en droits féodaux, en propriétés rurales. Parmi ces dernières se trouvait, aux abords du village, un mamelon élevé d'où la vue s'étendait au loin dans la délicieuse vallée de la Gimone et jusqu'aux sources de la rivière de la Lauze. Ce paysage était encadré dans un vaste rideau ayant d'un côté pour limites les dentelures rocheuses des Pyrénées et de l'autre la sombre et vaste forêt de Larrouilh.

DÉNOMINATION.

Ce champ eut bientôt pris un nom pittoresque à cause de son heureuse situation. Il fut traduit en plusieurs idiomes, reproduit dans divers documents.

On l'appelle successivement, et selon les diverses époques, *Bonus-Locus, Bolaug, Bet-Loc, Boun-Loc, Bovlavt,* et, enfin, *Boulauc.*

Ainsi, on lit « Priorissa *Boni-Loci* » dans l'acte de fondation du monastère de Saint-Laurent de Comminges, de l'année 1151, d'après les archives de ce couvent rapportées par dom Déneis de Ste-Marthe aux preuves de la Gallia christiana (1).

On trouve « Prior de *Bono-Loco,* capellanus *Boni-Loci,* encore en style de basse-latinité dans divers *pouilhès* reproduits par dom Brugèles. C'étaient des registres ordinairement bien tenus et qui servaient à la constatation des édifices religieux et au dénombrement des bénéfices qui alimentaient les communautés religieuses (2).

Dans son testament de 1230, écrit en langue romane, Centule premier, comte d'Astarac, laissa un legs à *Bolaug* (3).

On a gravé *Bovlavt* dans le sceau du couvent.

Enfin, on disait *Bet-Loc, Boun-Loc* ou *Boulaout* en langage vulgaire, d'après la tradition locale.

Ces indications étymologiques, malgré le changement d'orthographe, expliquent les rapports naturels qui existent entre la chose et le nom, et viennent se résumer dans celui de *Boulauc,* qui est sa dénomination actuelle, définitive et officielle, comme chef-lieu communal dans le canton de Saramon.

---

(1) *Gallia christiana.* — *Instrumenta,* p. 177.
(2) *Chronique diocésaine d'Auch,* part. 3, p. 392.
(3) Monlezun, *Histoire de la Gascogne,* t. 6, p. 338.

C'est dans cet *endroit* que furent jetés les premiers fondements du monastère de Boulauc. Son beau point de vue, sa salubrité, la sécurité que lui offrait le voisinage protecteur de la puissante châtellenie de Castelnau-de-Barbarens avaient évidemment déterminé le choix du terrain.

Le site avait indiqué le nom du lieu, et ce nom ensuite, après la construction des bâtiments, passa au couvent; celui-ci le transmit au territoire communal. Cela dut s'opérer insensiblement par l'usage, peut-être aussi par la force des choses; car un mouvement en sens inverse s'y produisit bientôt. Tandis que le monastère va s'agrandissant, prospérant avec assez de rapidité, la municipalité demeure stationnaire, s'efface presque. Boulauc arrive à la vie, Saint-Germier s'éclipse. Bientôt, le couvent et la commune sont confondus dans des intérêts quelquefois communs, et l'un et l'autre n'auront plus à l'avenir que la même appellation, à mesure que le territoire et son nouvel établissement prendront place sur la carte du pays et dans les actes de l'administration.

Cette transformation, ou plutôt cette fusion nominale, n'est pas cependant un signe certain d'abdication pour Saint-Germier.

Si le nom primitif disparaît, la chose reste. La municipalité conservera son individualité communale, son homogénéité constitutive. Ses instincts libéraux se traduiront en susceptibilités chatouilleuses, à mesure que le progrès des idées nouvelles et la marche du temps développeront leur essort.

Sans doute, la commune et la communauté vivront long-temps en bonne intelligence; cependant la première prendra quelquefois ombrage, se montrera même agressive envers le couvent lorsqu'il y aura des froissements entre eux, lorsque les gens du village croiront leurs droits menacés ou leurs intérêts compromis par des préten-tions ou des empiètements des habitants du monastère.

Mais ce ne seront que des nuages passagers venant parfois assombrir les rapports de bon voisinage qui exis-taient primitivement entre la municipalité et le monas-tère.

Nous pourrons apprécier ces diverses nuances à tra-vers les époques anciennes et modernes, et la conclu-sion nous conduira à un état de situation satisfaisante pour tout le monde; enfin l'histoire de l'un et de l'autre se confondra nécessairement par leurs conflits et leurs rapprochements dans le cours de ce récit.

DONATION FONDAMENTALE.

Nous sommes heureux de rencontrer au début le premier acte de la fondation du monastère, cet acte pri-mordial qui lui donne l'existence et qui est en quelque sorte la pierre angulaire de l'édifice.

Il est à la date de 1142. M. le chanoine Daignan du Sendat, dans ses consciencieuses recherches de 1740 (1), et dom Déneis de Ste-Marthe le considèrent non-seule-

(1) *Mémoires*, t. 3 ou 83 de la collection de la Bibliothèque com-munale d'Auch, p. 913.

ment comme authentique, mais comme le *plus ancien* des titres du couvent (1).

Il importe de le faire connaître en détail et avec quelques circonstances avant d'en donner le texte :

Le comte d'Astarac, Aznaire-Sanche, voulut réaliser par un acte apparent et solennel le projet qu'il avait formé, la promesse qu'il avait faite en faveur de la veuve de son père. Après s'être assuré de l'adhésion de l'archevêque d'Auch, il sollicita son concours. C'était un acte de déférence bien naturelle à l'égard de Guillaume d'Andoffielle, ce prélat qui, le premier, avait introduit dans son diocèse l'ordre de Fontevrault, nouvellement créé.

Cette démarche ayant été favorablement accueillie, Aznaire-Sanche fit donation, en l'année onze cent quarante-deux, à la douairière *Longue-Brune*, de toutes les terres qu'il possédait dans ce territoire et qui se composaient, indépendamment du champ dont il a été parlé, d'une *forêt* située à Tirent (nemus Tinariama), de vastes *prairies* (les péchédés), et d'un *moulin* établi sur la Gimone (molinarium consulare.)

Ces immeubles étaient limités, au levant par la ririère de la Gimone (Gemonam); au midi par le ruisseau de Camp-Long (de fonte Campi-Longi); à l'Ouest par le chemin qui borde la forêt de Lagarde (Lop-Garda) jusqu'à la terre de *Ribera*; et, au nord, par une propriété du prêtre Boas.

Quelques hauts personnages du pays et des gens du

(1) *Gallia christiana*, t. 1er, p. 987.

comte assistèrent à cet acte de donation, autant pour
lui donner une certaine solennité que pour en assurer
la validité; car les d'Astarac, pas plus que d'autres nobles, n'apposaient, et pour cause, leur signatures dans
les contrats. Ils avaient pris l'habitude, pour y suppléer,
d'exécuter une pratique symbolique qui consistait à
jeter en l'air de petites branches d'arbre, en pronon-
çant les paroles sacramentales : « *Je donne* » principes
» et priores Astaraci qui suum donum non potuerunt
» *ipsâ manu firmare*, illud affirmabant jactu ramorum,
» clamantes : *Ego dono* (1).»

Le texte de la donation est ainsi conçu :

« In nomine Domini nostri J.-Christi. Amen.

» Ego Sancius, comes Astaracensis, pro salute meà
» et antecessorum meorum et successorum, tribuo Deo
» clementissimo et sanctimonialibus *Fontis-Ebraldi*,
» Abbatissæ et aliis, et *Priorissæ Boni-Loci*, nomine
» Longæ-Brunæ, et universo *conventui* ejusdem *Loci*
» præsenti et futuro, totum *nemus* consulare, quod *Ti-*
» *nariama* (de tirent) vocatur, et totam terram propriam
» quam comes Astariacensis debet habere circà ne-
» mus et molinarium consulare : Et habet terminos
» ex parte orientis *Gemonam* (la Gimone) à meridie
» rivum qui procedit de fonte *Campi-Longi*, et viam
» quæ est inter nemus quod dicitur *Lop-Garda*, ou Lupi-
» Guardia, inter prædictam Guarramam usque ad ter-
» ram de Larribera, quæ est terminus à parte occiden-
» tis; et à parte aquilonis habet terminum universum

(1) MONLEZUN, *Hist. de Gascogne*, t. 2, p. 164.

» usque ad campum B. præsbiteri de Boas, qui est in
» continuitate nemoris propè terram prioriacensem.
» Hujus rei sunt testes : Dodo de Semediis, P. Des-
» barads, Vesian de Marrast, W. A Escudifer, Sanc-
» tius *Forto*, Villicus Comitis, et Alii Plures. Facta
» est carta anno incarnatione domini M.CXLII (1)».

SAINT-LAURENT DE COMMINGES.

MISSION DE LA SUPÉRIEURE DU COUVENT DE BOULAUC.

Peu de temps après sa fondation à Boulauc, le monastère reçoit, dans la personne de celle qui le dirigeait,
une mission de nature à donner à l'établissement religieux une consécration bien significative et à légitimer
authentiquement son apparition et son existence monastique.

Cette mission consistait à aller organiser un couvent
récemment établi à Saint-Laurent de Comminges, sur
les bords délicieux de la Neste, au versant septentrional
des Pyrénées.

Ce fut l'évêque Roger, du diocèse de Comminges, qui
en fut le promoteur.

Ses propositions furent acceptées avec tant d'empressement et exécutées avec tant d'exactitude qu'il s'en
montra reconnaissant. Il laissa dans son testament au
monastère de Boulauc, en 1177, un legs de cent sols
de Morlas (2).

(1) Extrait du cartulaire de Boulauc, p. 1re. — Rapp. par Dom
Brugèles, *Chron. diocés. d'Auch.* Part 3, p. 72.— Aux Preuves.
(2) Dom Brugèles, *Chron. du diocés. d'Auch*, part. 2, p. 297.

Voici le texte formel de cet acte de fondation du monastère de Saint-Laurent (1):

» Quoniam quod fit vel dicitur, ab oblivionis inte-
» ritu, scientium participatione defenditur, ideo scire
» volumus omnes tam præsentes quam futuros, quod
» dominum Rogerius, vir dei gratiâ plenus, et Christo
» annuente convenarum Episcopus, ad monitionem dei
» et beatæ Mariæ Virginis, ac consilio suorum canoni-
» corum, ut ordo exigit, omnia sua jura quæ in eccle-
» siâ sancti Laurentii ipse et prædecessores sui sole-
» bant habere, Deo et beatæ Mariæ, et sanctissimo
» ordini *Fontisebraldi* dedit et absoluit in perpetuum in
» manu *Priorissæ Boni-Loci*, nomine Longæbrunæ, et
» in manu dominæ Millescutorum, quæ commater sua
» erat, hoc donum fuit factum coram domno Willelmo
» *Auscitano* archiepiscopo, *regnante* Ludovico rege Fran-
» corum, Raymondo comite Tolosano, Bernardo comite
» convenarum, anno ab incarnatione domini M.C.LI.
» Hujus testes sunt Arnoldus Dalson archidiaconus,
» Willelmus-Arnoldus Abbas S. Fragulphi, Dulfor de
» Pegalla, Gallard de Scadous et alii multi.»

ORDRE.

L'abbaye célèbre de l'ordre de saint Benoît, fondée
par Robert d'Arbrissel, à la fin du XIe siècle, sur les con-
fins de l'Anjou et du Poitou, reçut de son fondateur un

(1) Archiv. de Saint-Laurent, rapp. dans la *Gall Christ*, v. 1er
vol., p 177.—Inst et Dom Brugéles, part. 3, p. 73.

institut particulier, approuvé par le Pape, et devint chef d'ordre, sous le nom de *Fontevrault*.

Cet établissement religieux prit un accroissement si considérable que plus de cent cinquante prieurés en dépendirent. Il y avait aussi un grand nombre d'abbayes en France qui adoptèrent sa règle. En Gascogne, on en comptait trois, qui toutes furent érigées dans le département actuel du Gers; c'étaient : au Brouilh, à Vaupillon et à *Boulauc*.

VAUPILLON.

Le monastère de *Vaupillon* (Vallis-pillonis) fut fondé en 1440 par le seigneur de ce nom, sur les conseils de l'archevêque d'Auch, Guillaume II, et l'intervention d'Anne-Sanche, abbé de Condom. Il fut placé sous la règle de Fontevrault (1).

Après l'extinction de la communauté des religieux, vers la fin du xvᵉ siècle, les religieuses en recueillirent tous les biens et continuèrent à régir le monastère; mais ce ne fut pas pour longtemps, car, l'année 1569, le duc de Montgommery vint, avec dix mille huguenots, camper à Vaupillon, où ils commirent toutes sortes d'excès. Après avoir pillé l'église, ils mirent le feu au monastère et maltraitèrent les religieuses, au nombre de dix-huit, qui cherchèrent un refuge à Lectoure. Dans leur fuite précipitée, quatre furent surprises dans une

(1) *Gall. christ.*, t. 2, p. 959.

métairie par une soldatesque effrénée. Une fut tuée sur le coup; deux autres furent battues si cruellement qu'elles moururent de leurs blessures; une seule se sauva.

Mais le monastère ne put se relever (1).

BROUILH.

C'est dans la même année, 1140, que le monastère du Brouilh (monasterium de Broglio), fut érigé, sous l'ordre de Fontevrault, encore par l'intervention de Guilhaume II d'Andofielle, archevêque d'Auch, et Bernard III, comte d'Armagnac (2).

En l'année 1170, la religieuse Condorine, sœur de l'archevêque Géraud de Labarthe, en était prieure.

Ce monastère subit le même sort que celui de Vaupillon. En l'année 1569, un détachement des troupes de ce même Montgommery, commandant les troupes de la reine Jeanne de Navarre, vint y commettre les mêmes ravages en pillant le monastère, en le démolissant en partie, et en livrant aux flammes tout ce qu'il put découvrir de documents et de titres conservés aux archives. Le couvent se releva un peu et se traîna jusqu'à la fin du xviie siècle, où il disparut sous le titre de Bénéfice séculier (3).

(1) BRUGÈLES, Chron. eccl. diocés., part. 3. p. 423, et Cart. ausc.
(2) BRUGÈLES, Chron. du diocès. d'Auch, part. 3. p. 441, rapp. Le cartulaire du Brouilh et d'Auch.
(3) BRUGÈLES, ibid, p. 442 et 443.

Ces deux monastères n'existent plus. Celui de Boulauc a échappé d'une manière providentielle; par une
protection visible, au feu des huguenots dans les guer-
res de religion, à la hache des démolisseurs dans la
grande commotion sociale de 1789; et, subsistant seul
en Gascogne, il sera le troisième dans toute la France,
avec *Chemillé,* dans le diocèse d'Angers (Maine-et-
Loire), et *Brioude,* dans le Puy-de-Dôme.

C'est à ce privilége de préservation exceptionnelle,
avec les incidents historiques qui s'y rattachent, qu'on
peut rapporter, en partie, l'intérêt qu'offre sa Monographie.

On voit que dès son origine le monastère est établi
sous la règle de *Fontevrault.*

Cet ordre célèbre préside à son existence; il est sa
loi et la condition de sa fondation; car ce fut le désir
de celle qui en conçut l'idée première.

Nous en avons donné la preuve en rapportant la
charte de 1142, où nous lisons : « Sanctimonialibus
» *Fontis-Ebraldi* abbatissæ, priorissa Boni-Loci. »

Elle est corroborée par le titre même du monastère
de Saint-Laurent qui adopte sa règle et qui est mis sous
le patronage de la supérieure de Boulauc : « In manu
» priorissæ Boni-Loci et sanctissimo ordini Fontis-
» Ebraldi. »

C'est ce que nous relevons dans plusieurs *cartulaires,*
véritables recueils historiques des actes (instrumenta)
qui intéressaient au plus haut degré les abbayes et les
monastères.

Parmi les documents qu'il nous a été donné de consulter, et à la *lueur* desquels nous avons essayé de marcher en adoptant la méthode chronologique autant que le sujet et les événements pouvaient se prêter à notre plan, il en est un qui forme, à lui seul, les *archives actuelles* du monastère de Boulauc. Il nous offre toutes les garanties d'exactitude et d'authenticité par cette déclaration solennelle, spontanée et autographe de celui qui les colligeait vers le milieu du dernier siècle. Elle est ainsi conçue :

« J'ai transcrit les principaux actes rapportés par le
» *Cartulaire de Boulauc,* « *écrit tout en lettres gothi-*
» *ques,* » consistant en donations, acquisitions, conces-
» sions et dotations faites aux *dames* qui ont été reçues
» audit couvent (1).»

Enfin, s'il fallait une démonstration plus complète, une preuve péremptoire, nous les trouverions dans les textes des observances qui se pratiquent au monastère et qui forment sa règle claustrale.

RÈGLES.

RÉGIME INTÉRIEUR. — COSTUMES. — CONDITIONS D'ADMISSION.

Fontevrault était, comme on l'a vu déjà, une abbaye composée de moines et de religieuses. Elle était constamment régie, depuis la mort de son fondateur, par

(1) Archives manuscrites du couvent de Boulauc, communiquées par la supérieure actuelle.

une *abbesse,* sous la règle de Saint-Benoît, et le patronage de la Sainte-Vierge.

C'est ce que rappelait clairement au pape Pie II Marie de Bretagne, qui en avait la direction à une époque où cette sorte de constitution anormale était probablement attaquée, puisque, selon M. Daignan du Sendat, le Père Delamainferme se crut obligé d'écrire son livre, intitulé « *Le Bouclier de Fontevrault,* pour justifier l'*innovateur* d'une création si inouïe, *la prééminence d'une religieuse sur des religieux* (1). »

Partant de ce principe, Marie de Bretagne disait au Souverain Pontife : « In quo, præter Abbatissam et » moniales quæ sub sancti Benedicti, quidam canonici » ordinis qui sub sancti Augustini regulis, sub-distinctis » tamen habitationibus, *et omnes sub regimine dictæ* » *abbatissæ* degunt (2). »

Cette souveraineté d'une abbesse ou d'une supérieure reconnue sans conteste, tout marche, obéit, s'organise dans la maison religieuse. C'est le principe de sa constitution intérieure. Il se révèle dans tous les actes qui s'y opèrent en commençant par l'*élection* de celle qui doit jouir temporairement de ce droit de *commandement.*

ÉLECTION DE LA SUPÉRIEURE.

Ce droit de commander à des religieux prenait, vis-à-vis d'eux, le nom de *suprématie.* Quand il s'agissait de

(1) *Mémoires manuscrits,* t. 3 ou 83, p. 939.
(2) Archiv. manuscr. du monastère de Boulauc.

son exercice sur des religieuses, celle qui était revêtue de cette dignité officielle s'appellait *première prieure ou supérieure.*

C'était le premier grade hiérarchique; une *charge honorifique* conférée à *perpétuité* dans les premiers temps; mais, vers la fin du xvᵉ siècle, elle devenait temporaire, et on procédait à sa *collation* par des élections triennales (1).

Lorsque le moment était arrivé de procéder à l'élection d'une supérieure, c'était dans la communauté une grande fête, une solennité sérieuse, un acte, enfin, d'autant plus important que chacun y trouvait une occasion de manifester son indépendance.

On réunissait toutes les religieuses en assemblée générale, après avoir préalablement fait des prières et pratiqué des exercices religieux pour invoquer une inspiration spirituelle. Le siége de la présidence était occupé par l'archevêque diocésain en personne, ou par un prélat spécialement et directement délégué par lui.

Celle des religieuses qui obtenait la majorité des suffrages était nommée *supérieure,* et des actions de grâces annonçaient son élection (2).

Indépendamment du personnage délégué et qui représentait l'archevêque diocésain dans les élections, il y avait un procureur-fondé ou un député de la maison-mère de Fontevrault spécialement désigné et délégué par l'abbesse de cette maison.

Les pouvoirs sont ainsi formulés dans une lettre im-

(1) Dom Brugèles, *Chron. diocés. d'Auch.—Passim.*
(2) Note communiquée par la supérieure actuelle.

primée, datée d'avril 1777, à l'occasion de la nomination triennale d'une supérieure au couvent de St-Laurent
fondé sur celui de Boulauc.

« Nous, sœur Julie-Sophie-Gillette de Pardaillan-
» d'Antin, par la permission divine humble abbesse,
» chef et générale de l'abbaye royale de Fontevrault,
» dépendant immédiatement du St-Siège apostolique.....
» à notre cher et bien-aimé religieux, le Père-Frère
» Louis Taffec, curé et confesseur de St-Laurent.....

 » Salut et dilection en Notre-Seigneur.....

 » Le jour de l'élection de la prieure triennale de no-
» tre prieuré de Ste-Croix arrivant le neuf mai prochain,
» et sachant qu'il est *du devoir de notre charge abba-*
» *tiale d'envoyer quelqu'un,* de notre part, *pour assister*
» *et présider à laditte élection.*

 » A ces causes, nous confiant à plein en vos sens,
» suffisance, zèle et expérience aux affaires en religion,
» *nous vous avons commis et député,* commettons et
» députons par ces présentes, pour assister et présider,
» en notre nom et sous notre autorité, à la ditte élec-
» tion de prieure triennale de notre dit prieuré de Ste-
» Croix..... à ce qu'elle soit faite canoniquement et en
» la forme et manière accoutumée et due, dont de tout
» ce qui se passera en laditte élection dresserez pro-
» cès-verbal que vous nous enverrez pour y être par
» nous pourvu, ainsi qu'il appartiendra; vous don-
» nant pour cet effet plein pouvoir et mandement
» spécial.

 » Donné à Fontevrault, sous notre seing et scel de
» nos armes, et le contre-seing de notre secrétaire or-

» dinaire, le cinquième jour d'avril mil sept cent soixante-
» dix et sept.

» *Signée* : Sœur D'ANTIN,

» Abbesse de Fontevrault.

» *Signée* : La secrétaire, DOUPHE (1).

(Apposition du scel.)

Lorsque les opérations électorales étaient terminées
et qu'il y avait procès-verbal dressé et envoyé à l'abbesse générale de Fontevrault, celle-ci approuvait les opérations et confirmait l'élection par un acte émané de
son autorité. Voici en quel termes fut confirmée, en
1788, l'élection comme supérieure de Boulauc de dame
de Gensac. La lettre est adressée à la supérieure qui
sort de fonction.

« Chère fille et bien-aimée religieuse,

» Suivant votre lettre, nous voyons avec plaisir la
» justice que vous avez rendue à la mère de Gensac
» en la choisissant pour vous remplacer dans la charge
» de prieure. Nous ne doutons pas qu'elle ne s'en ac-
» quitte bien puisqu'elle est remplie de talents conve-
» nables à cette place. Nous vous envoyons avec plai-
» sir la *confirmation* de *l'élection* avec *l'octroy* qu'elle
» désire. On nous fait un trop grand éloge du sujet
» pour faire la moindre difficulté. Quoiqu'elle n'ait pas
» rempli le temps prescrit pour le postulat, celui qu'elle
» a passé dans votre maison est plus que suffisant pour

(1) Archives du couvent, pièce originale.

» la connaître. Ainsi, vous ne risquez rien de l'admettre
» parmi vous. Nous sommes avec estime et considéra-
» tion, mère, fille et bien-aimée religieuse, votre affec-
» tionnée mère abbesse.

» *Signée*, D'ANTIN (1). »

COSTUME.

Les religieuses de Boulauc portent une robe longue
d'étoffe de laine blanche, recouverte d'un surplis sans
manches avec une ceinture de laine noire. Elles ont
suspendue au cou, et descendant jusqu'au-dessous de
leur guimpe, une croix en argent. Un voile de laine
noire recouvre complètement leur visage. Leurs bas et
leurs souliers sont blancs. Pour assister au chœur,
pour les offices et pour quelques autres exercices de la
communauté, elles mettent une grande robe noire en
laine qu'on appelle *coule* qui est à queue trainante et
dont les manches ont deux pieds de large (2).

RÉGIME ALIMENTAIRE.

On suivait au couvent de Boulauc la règle de Fontevrault, réformée par J.-B. de Bourbon en ce qui concer-
nait le *jeûne* et *l'abstinence;* on la suit encore aujour-

(1) Archives du couvent, pièce originale.
(2) Note communiquée par la supérieure actuelle.

d'hui. La viande est en usage pendant trois jours de la semaine, excepté dans les temps de l'avent et du carême. Les repas se prennent le matin, de dix à dix heures et demie, et le soir de cinq heures et demie à six (1).

CONDITIONS D'ADMISSION.

NOBLESSE.

Fallait-il que la récipiendaire produisît des titres nobiliaires pour être admise au monastère de Boulauc?

Ce n'est pas dans les premières chartes de fondation, c'est-à-dire dans la donation d'Aznaire-Sanche et dans l'érection du monastère de Saint-Laurent, que nous trouvons un texte précis indiquant cette condition pour l'admission. Il y a seulement, dans le premier acte de 1142, le mot *sanctimonialibus*, qui s'applique aux religieuses.

Mais l'interprétation de ce mot avait été déjà donnée par Saint-Augustin dans un sens qui excluait toute prescription d'une qualité nobiliaire pour être admis dans un monastère.

Il désignait ainsi les *religieuses,* sans acception de castes (2), de même que, longtemps avant lui, la terminologie payenne donnait à une *vierge* la qualification de *Sanctimonia,* comme on le voit dans les Annales de Tacite (3).

(1) Archives du couvent de Boulauc.—Règle de Fontevrault.
(2) Ut nonnullas etiam *Sanctimoniales* dejecisse in nuptias diceretur. (B. Augustin, *Retract.*, lib. II, cap. XXII.)
(3) Id sororem quoque Silani, Torquatam, Priscæ *sanctimoniæ* virginem expetere. (Tacit. *Annal.*, lib. 3, cap. LXIX.)

Cependant, les circonstances dans lesquelles la fondation du monastère de Boulauc avait eu lieu, le rang qu'occupait la personne qui en avait eu la première pensée étaient de nature à faire pencher pour l'affirmative.

Premièrement, c'est une personne du plus haut rang, une comtesse d'Astarac, qui conçoit l'idée de cette fondation et qui en est la directrice. Elle avait sous les yeux l'exemple des princesses de Lorraine, qui, en érigeant Remiremont, avaient voulu conserver le titre de *dames nobles* pour se distinguer ainsi d'autres couvents d'une condition inférieure et de la même époque, tels que celui d'Epinal, où les religieuses prenaient modestement la qualification de *Femmes de chambre,* et celui de Poussaye, où elles s'appelaient *Lavandières* (1).

Par une coïncidence qui s'explique facilement et qui indique suffisamment leur pensée d'imitation, les religieuses de Boulauc s'étaient attachées constamment à prendre et à conserver leur qualification de *Dames.*

Secondement, il est constant que, dans les premiers temps du moyen-âge, l'aristocratie recherchait les monastères pour favoriser le mouvement religieux, de même qu'elle embrassa la carrière des armes pour posséder la force nécessaire au gouvernement des esprits dans l'ordre d'idées sur lesquelles reposait son système de domination.

C'est même un trait caractéristique des mœurs du

(1) *Monog. de Remiremont,* par M. Friry, p. 6, 7, 14, 16.

grand monde à cette époque qu'un changement brusque dans la manière de vivre, un revirement inattendu dans les positions sociales. Ainsi, pas d'intermédiaire, la vie bruyante de château ou l'isolement et le silence du cloître; le fracas des armes, le mouvement des affaires publiques ou l'ensevelissement et la méditation religieuse; enfin, le haubert ou le froc.

Un chroniqueur, plus rapproché que nous des temps dont nous parlons, sans donner l'explication de cette tendance des classes nobiliaires et du mobile qui les dirigeait, raconte ainsi le fait :

« Les uns se rendaient *moines,* dit-il, dans un monas-
» tère où ils donnaient leurs biens; les autres y offraient
» leurs enfants avec la portion d'héritage qui pouvait
» les compléter, ou quelqu'autre donation qu'ils faisaient
» pour eux, à l'imitation d'Anne, mère de Samuel, la-
» quelle, offrant son fils à Dieu dans la maison de Silo,
» accompagna son offrande de plusieurs dons (1).»

Nous citerons plusieurs exemples de ce genre dans le monastère de Boulauc : des enfants qui abandonnent leurs parents pour s'y retirer; des femmes même qui quittent pour cela leur époux; des frères qui aident leurs sœurs à y prendre le voile, et tous pris dans les rangs les plus élevés de la société.

Ces faits historiques conduisent donc nécessairement à cette conclusion que primitivement, pour être admis au monastère de Boulauc, il fallait avoir des *titres nobiliaires,* comme condition absolue d'admissibilité.

---

(1) Dom Brugèles, *Chron. diocés. d'Auch,* part. 2, p. 187.

Cette supposition prend de la consistance lorsqu'on lit dans les archives du monastère « que le couvent de Bou- » lauc était une sorte de champ d'asile pour bon nombre » de *filles nobles de Gascogne* et de *dames,* avec ou » sans douaire, mais du *rang le plus élevé* (1).

En outre, il résulte d'une lettre de l'abbesse supé- rieure-générale de Fontevrault : « qu'il fallait son agré- » ment pour pouvoir recevoir au couvent de Boulauc » une personne qui n'était pas de *condition nobi-* » *liaire* (2).»

Enfin, ce qui confirmerait ce principe d'une des con- ditions pour l'admission, c'est la nomenclature des prieures et religieuses en titre, depuis la fondation jus- qu'à la fin du XVIIe siècle, et qu'il est opportun de faire connaître dans ce moment. On y voit figurer principale- ment des noms de la classe privilégiée.

NOMENCLATURE DES RELIGIEUSES.

En 1142, *Longue-Brune,* fondatrice, première supé- rieure, veuve en secondes noces de Bernard Ier, comte d'Astarac et mère de Boamond;

En 1142, *Rougeaude* (Rubea), épouse de Boamond, religieuse;

En 1142, *Béatrix,* fille de Rougeaude et de Boa- mond, religieuse.

En 1142, *Ana Galdéa,* seconde supérieure.

(1) Archiv. du monast. de Boulauc.
(2) Archiv. du monast. de Boulauc. Lettre circ. de Fontevrault.

En 1143, *Goualdre*, épouse de Dodon, seigneur de Sémézies, religieuse.

En 1188, *Navarre*, première prieure, c'est-à-dire supérieure.

En 1191, *Agnès*, première prieure ou supérieure.

En 1192, *Géneis*, première prieure, c'est-à-dire supérieure.

En 1208, *Ana-Alazeiz des Barats*, de cette famille de Guillaume-Arnaud des Barats, co-seigneur de Castelnau de Barbarens où il possédait « la moitié de la paroisse » qui fut annexée au comté d'Astarac « par alliance, achat ou autrement (1), » Alazeiz est supérieure.

En 1216, *Palomme*, épouse du comte *Geraud de Polastron* qui possédait un vaste territoire appelé *Le Polastronais* (2). Elle y prend le voile de simple religieuse, de même que sa fille qui l'y suivit peu de temps après.

En 1237, *Marie de Montaut*, supérieure ou première prieure.

Du XIIIe au XVIIe siècle, la nomenclature est interrompue par une lacune regrettable. La liste est plus complète à compter de cette dernière époque.

Et nous trouvons parmi les religieuses les noms de celles qui étaient *prieures*, c'est-à-dire *supérieures*. C'étaient :

En l'année 1618, Paule de Mont, prieure.

La même année, sœur de Marsan, religieuse.

(1) BRUGÈLES, *Chron. diocés. d'Auch*, part. 3, p. 390.
(2) Ibid., part. 2, p. 281.

En 1621, sœur *de Lamazère,* prieure ou supérieure.

En 1663, sœur *Françoise de Lahitte,* prieure.

En 1696, sœur *Jacquette de Saint-Martin,* prieure principale.

En 1696, sœur *Marguerite de Castex,* prieure cloîtrable.

En la même année, et figurant ensemble dans un acte, nous trouvons les noms des religieuses suivantes avec leurs charges :

Sœur *Anne de Podensan,* religieuse portière.

Sœur *Françoise du Cor,* religieuse *granetière.* — C'était la charge d'intendante des biens ruraux. « *Gra-* » *nitarius* id est qui præest Granario, vel forte grani- » cæ, seu prædio rustico.» (Ducange, *Glossaire.*)

Sœur *Françoise de Villeneuve,* religieuse *dépositaire.* C'était celle qui recevait le recouvrement des redevances.

Sœur *Anne de Bruscq,* religieuse *tourière.*

Sœur *Yonne de Hont de Rey,* religieuse.

Sœur *Callixte de Luxeube,* religieuse.

Sœur *Marguerite de Cardeilhac,* religieuse.

En 1719, sœur *Françoise de Cassagnabère,* prieure.

En 1744, sœur *Françoise d'Auzon de Cardailhac,* prieure.

En 1762, sœur *Julienne de Serrecave,* prieure.

La religieuse qui succéda à la sœur Julienne de Serrecave dans la direction de la communauté, en 1765, fut dame *Françoise de Montesquiou-Marsan,* de cette antique maison de Montesquiou-Fezensac dont les derniers représentants figurent parmi nos sommités sociales.

Elle était née du mariage contracté, le 24 mai 1698, entre messire Pierre de Montesquiou, seigneur de Marsan, Lasserre et Crastes, comte de Marsan, et dame Jacquette de Boussots de Campels, seigneuresse de Laymont et autres lieux. Il y avait eu déjà trois garçons et trois demoiselles de ce mariage, lorsque dame Françoise naquit posthume, étant le septième enfant de la famille. Dans son testament, à la date du 18 juillet 1710, le seigneur de Marsan avait déclaré « qu'il mourait laissant sa femme enceinte. » Sa veuve fit aussi un testament, le 4 février 1740, où l'on lit : « Je lègue à ma » troisième fille (l'une des trois aînées était déjà décé- » dée), dame *Françoise de Montesquiou de Marsan*, » *religieuse au couvent de Boulauc*, une pension via- » gère de trente livres.»

Suit, de la propre main de la testatrice, la mention suivante que nous copions littéralement avec son orthographe : « Tel est ma dernière volonté que j'ay fait » écrire par une personne à moy bien connue et affi- » daiée. Fet à Marsan le catre février mille set sans » quarante. » De Campels de Marsan, signée.

Avant de mourir, et le 31 mars 1760, cette dame fit un nouveau testament qui modifia quelques-unes des dispositions du premier, mais qui maintint *la clause* en faveur de dame *Françoise* (1).

Celle-ci mourut supérieure du couvent de Boulauc,

(1) *Généalogie de la maison de Montesquiou-Fezensac*, part. 1re, p. 56, et aux Preuves, p. 89 et suiv.

et fut inhumée dans le cimetière de la communauté sans aucune distinction parmi ses sœurs en religion, lorsqu'en 1843 une pierre commémorative fut placée sur son tombeau par les soins pieux du duc de Montesquiou-Fezensac et du comte son fils, qui étaient venus au couvent où ils virent encore une religieuse qui avait connu leur parente.

L'épitaphe porte : ci-git *Françoise de Montesquiou-Fezensac,* abbesse de Boulauc, née en 1710, morte le 25 octobre 1785. *Requiescat in pace.*

On racontait, comme souvenir de famille, qu'étant encore enfant, l'abbé duc de Montesquiou, ancien ministre de la Restauration, était conduit quelquefois au couvent de Boulauc par son précepteur pour y *voir sa tante Françoise,* et qu'on l'introduisait dans l'intérieur du couvent en le faisant passer par *le tour* du parloir.

Il y avait en même temps qu'elle :

En 1765, dame Marie d'Aram, boursière.

En id. , dame Hélène de Monlezun, dépositaire.

En id. , dame Marguerite de Labarthe, célérière.

En id. , dame de Monbrun de Pins, religieuse.

En 1782, dame de Lamezan, prieure ou supérieure.

En 1788, dame Jacquette de Ligardes, supérieure.

En 1788, dame de Gensac, supérieure.

En 1790, dame de Labarthe, religieuse.

En 1790, dame Thierry, supérieure.

En 1790, dame Claire-Martine-Gabrielle de Latour.

En 1790, dame de Sarrieu, religieuse.

En 1790, dame Faïrle, religieuse (1).

Cependant, ce principe d'admissibilité dans le monastère de Boulauc sous condition absolue de titres de noblesse ne fut pas rigoureusement mis à exécution, surtout dans les derniers temps. La règle fléchit quelquefois, et des modifications dans l'esprit de l'ordre se révèlent à l'occasion de plusieurs admissions et dans même certaines promotions à la suprématie en faveur de personnes qui n'appartenaient pas aux classes privilégiées.

DOT, DOTATION, APPORTS PÉCUNIAIRES.

Primitivement, et lorsque le monastère recevait des libéralités considérables en biens-fonds et en revenus, on n'exigeait pas au couvent de dépôt préalable d'une dot quelconque pour condition d'admission. Cependant, on en recevait, et il était d'usage d'en donner.

Nous avons déjà vu, en effet « qu'à l'imitation de la » mère de Samuel, la récipiendaire entrait au monas- » tère ordinairement suivie de quelques dons (2). »

Il en fallait bien pour subvenir aux dépenses que nécessitait l'arrivée d'une personne de plus dans le monastère; mais son entretien était modeste si on en juge par les paroles sacramentelles prononcées en public par la postulante au moment de sa réception :

« Je demande la miséricorde de Dieu, le *pain* et l'*eau*,

(1) Archives du monastère et autres documents.
(2) *Vid. suprà.*

» la société des religieuses et l'habit de sainte religion
» s'il vous plaît me les donner (1). »

Cependant, lorsque la générosité des donateurs et des
bienfaiteurs du monastère se relâcha, ou que les ressources du couvent se trouvèrent en disproportion avec
le nombre de postulantes qui se présentaient, il fallut
bien exiger une dot quelconque de la part des parents
de la récipiendaire ; mais aucun document ne constate
le chiffre exact de l'indemnité qui était exigée.

Enfin, c'est sur l'exemple de la maison-mère, c'est-à-
dire sur les statuts suivis à Fontevrault, que le couvent de
Boulauc se régla. Or, cette communauté de Fontevrault,
jouissant tout au plus de cent mille livres de revenus,
avait reçu dans son sein, dans le même temps, plusieurs
milliers de religieuses, ce qui fait naturellement supposer des admissions gratuites. Par comparaison, et suivant un simple calcul dont nous verrons plus loin les
éléments, il en devait être de même à Boulauc qui contenait ensemble dans son établissement un nombre de
quatorze à dix-huit religieuses avec des revenus assez
limités.

Ce qui le démontre surabondamment, c'est une des
dernières circulaires de l'abbesse supérieure de Fontevrault à la première prieure de Boulauc : « d'avoir, pour
» les admissions, plutôt égard aux *qualités privées* et
» aux dispositions particulières des postulantes *qu'à la*
» *dot* qu'elles pourraient apporter (2). »

(1) Archiv. du monastère; règle du couvent; note manuscrite.
(2) Archiv. du couv. de Boulauc.

DEGRÉ D'INSTRUCTION.

Il n'apparaît aucun programme d'examen pour régler le degré d'instruction dont la récipiendaire devait faire preuve. D'après la tradition qui s'en est conservée, et selon la règle qui y est encore pratiquée, on n'exigeait d'elle que certaines notions rudimentaires sur des connaissances en rapport avec l'état qu'elle allait embrasser. C'est au monastère qu'elle recevait un complément d'instruction par les devoirs qui lui étaient journellement tracés (1).

REPRISE DE LA SÉRIE DES ACTES.

Le généreux exemple d'Aznaire-Sanche ne fut pas perdu; les plus hauts personnages du pays voulurent s'associer à sa pensée pieuse, et coopérer avec lui à l'édification du monastère de Boulauc, les uns en y contribuant de leur bourse, les autres en ajoutant des terres aux terres qui formaient déjà le noyau de cet établissement naissant.

Tous les actes ne doivent pas être classés cependant dans la même catégorie. Il y en a qui sont de pure gratuité; d'autres contiennent des stipulations synallagmatiques; mais les conditions n'en sont pas tellement oné-

---

(1) Tradit. loc. du monastère.

reuses qu'elles deviennent inacceptables pour le couvent; au contraire, elles sont généralement, au fonds, avantageuses à la communauté, profitables à ses intérêts. Son rapide accroissement et l'état de prospérité où il aboutit bientôt semblent le démontrer.

On doit tenir compte aussi du zèle, de l'intelligence, de l'abnégation des premières religieuses qui se dévouèrent, et qu'on dut encourager par des démonstrations libérales, par un concours désintéressé.

Mais, avant d'entrer dans l'examen, et de donner l'analyse de ces divers actes, il devient nécessaire, pour pouvoir apprécier leur valeur, de comparer leur objet avec le signe représentatif de leur équivalent; et comme il sera presque toujours question du *sol morlans,* recherchons ce qu'était cette monnaie du Béarn.

MONNAIE DE MORLAS.

Plusieurs opinions ont été émises sur ce point. Les unes anciennes, et qui demandent des calculs dont le résultat n'est pas tout à fait satisfaisant si on veut arriver à une démonstration mathématique. Ainsi, P. Marca nous dit bien « que le *sol morlans valait trois sols tournois* (1).

Larroche-Flavin écrivait en 1682 « que par titres » anciens du pays d'Armagnac et sentences du sénéchal

---

(1) *Histoire du Béarn, passim,* et liv. 4, chap. 16.

» de Lectore il fut reconnu, en la chambre, que le *sol*
» *morlaas* valait *deux sols six deniers parisis* (1). »

Mais cela nous conduit-il clairement à une idée certaine de sa valeur comparativement à la monnaie de nos jours ?

Si nous nous jetons dans les recherches historiques, nous retrouvons bien vite l'origine de ce signe monétaire, car la *monnaie de Morlaas* était primitivement et généralement en circulation dans toute la France méridionale. Les corporations religieuses et les seigneurs avaient obtenu ou s'étaient arrogé le droit de battre monnaie; mais, dans le Béarn, ce droit remontait à une époque beaucoup plus éloignée. Lorsque les Romains vinrent conquérir les Gaules, ils furent tout surpris d'y trouver des objets de luxe et d'art qui annonçaient une civilisation assez avancée. Ils reconnurent bientôt que les indigènes avaient découvert dans les flancs de leurs montagnes les matières premières propres à la fabrication, et, en fouillant eux-mêmes, ils finirent par découvrir des mines assez abondantes d'or, d'argent et de cuivre.

Disposés à tirer parti de tout, ils exploitèrent utilement ces richesses inattendues en créant des établissements dans plusieurs villes de la Novempopulanie, et ce fut alors que se multiplièrent dans les Gaules ces monnaies et médailles romaines que l'on déterre tous les jours dans nos contrées avec des objets d'art d'une valeur souvent incomprise (2).

(1) Recueil judiciaire de 1682.
(2) *Monographie de Lectoure*, 1836, p. 73, par M. Cassassoles.

Plus tard, les Goths conservèrent ces établissements. Bien plus, la monnaie fabriquée à Morlaas, alors capitale du Béarn, fut tellement reconnue de bon aloi que, d'après une ordonnance de Théodoric Deuxième : « les » remboursements considérables ne pouvaient se faire » qu'en monnaie de Morlaas. »

Il y a eu sur cette question de la valeur réelle et comparative de la monnaie de morlas d'autres opinions récentes; mais nous donnerons la préférence à celle qui est accompagnée d'une dissertation raisonnée, concluante. Elle émane d'une plume habile qui fait autorité en pareille matière.

» Vers la fin du XIe siècle, dit le savant écrivain, Cen- » tule IV voulut opérer la refonte de la monnaie de » Béarn. D'après le système Carlovingien, suivi depuis » plus de cent ans dans cette contrée, la livre d'argent, » de douze onces, valait vingt sols de même métal. » Chaque sol se taillait en douze deniers, aussi d'ar- » gent. D'après des épreuves faites avec grand soin, le » denier avait un poids moyen de 0 k. 0015, et son » titre est d'environ 0, 70, ce qui donne pour le *sol* » *morlaas* une valeur de *deux francs quatre-vingts cen-* » *times* de notre monnaie actuelle.»

D'après ce calcul, « un casal de terre vendu dans l'in- » térieur de la ville d'Auch, en 1259, pour le prix de » 500 sols morlaas, représenterait aujourd'hui une va- » leur approximative de 1,400 francs (1).»

----

(1) *Revue d'Aquitaine*, t. 2, p. 31 et 52, article de M. l'abbé Canéto, grand vicaire du diocèse d'Auch.

COMPLÉMENT DU DOMAINE DE SAINT-GERMIER.

Immédiatement après la donation fondamentale d'Aznaire-Sanche, c'est-à-dire en l'année 1143, apparaît un acte public suivi de plusieurs autres qui se succèdent pendant un demi-siècle.

Le caractère de ces actes et la position sociale des personnages qui les ont contractés sera l'objet d'un examen particulier, parce que, sous l'apparence de conditions onéreuses, on y découvre une pensée élevée qui respire la noble initiative du comte d'Astarac dans l'intérêt de l'établissement religieux et des personnes qui devaient s'y retirer.

Ils émanent presque tous des membres d'une même famille qui possédait des biens considérables dans cette localité de Saint-Germier.

C'est d'abord dame Marie d'Escorneboue.

« Par acte public, à la date de 1143, elle fait cession,
» moyennant la somme de deux cents sols morlans à la
» Prieure Longuebrune, d'un champ, appelé *morales de*
» *Peyrère*, avec le bois qui y est contigu, jusques au
» vallon qui est du côté du nord, et *tout ce qu'elle avait*
» dans *l'allodial* de Saint-Germier (1). »

Ces indications topographiques nous font deviner facilement la situation d'une partie de ces immeubles, qu'on appelle aujourd'hui le *Bois des Dames.*

(1) Archives manusc. du couvent de Boulauc.

Peu de temps après, l'un de ses enfants, *Sancius Forto*, céda au même monastère, et moyennant la somme de soixante sols morlans « la moitié de ce qu'il » jouissait dans le village de Saint-Germier (1). »

« Plus tard, et en l'année 1188, un nommé Othon » Galcius ou Galtérius de Sarrat, donna *à la maison* » *religieuse de Boulauc* toute la terre qu'il jouissait » dans le *territoire de Saint-Germier* pour cent cin- » quante sols morlas que les religieuses lui comptèrent » et payèrent (2).»

Mais il se passa un incident fâcheux qui obligea Sarrat à rembourser une partie de cette somme. Son fils, Raymond-Bernard Galcius ou Galtérius d'Escornebouc, avait, à la même époque, *volé aux dames de Boulauc* une paire de bœufs. « Il reconnut avoir mal fait » et vint trouver les dames au couvent, en leur avouant cette soustraction. « Celles-ci lui en accordèrent le pardon. »

Mais le père ne voulut pas que les dames supportassent un pareil dommage, et il *précompta* une somme de *quarante* sols morlas sur les cent cinquante qu'elles s'étaient obligées à lui payer (3).

« Il fit plus encore, il exigea que le délinquant aban- » donnât, en outre, au couvent *tout ce qu'il jouissait*, ou » aurait le droit de jouir, dans le territoire de Saint- » Germier (4).»

Il y avait aussi à Saint-Germier un nommé *Géraud*

(1) Archiv. du couvent de Boulauc.
(2) Archives du couvent.
(3) *Ibid.*
(4) *Ibid.*

de Seïda « qui y *possédait des dixmes*, et qui avait pris
» en engagement pour cent sols morlas *la troisième*
» *partie* du village. »

Cet Arnaud de Séïda ayant formé le projet d'entre-
prendre un pèlerinage à Saint-Jacques (de Compostelle),
et voulant réaliser en numéraire les biens et droits qu'il
possédait, s'adressa à dame Navarre, prieure du couvent de Boulauc, et lui proposa la cession ou vente de
ses droits « moyennant la somme de cent vingt-deux
» sols morlas, savoir : vingt-deux sols morlas pour
» les dixmes, évaluées à ce chiffre; et cent sols pour
» les autres droits de propriété dans le village de
» Saint-Germier.»

La proposition fut acceptée, et le marché conclu en
présence de Sancius-Bernard d'Argobald qui se rendit
caution « et qui était alors seigneur du village de Saint-
» Germier.»

Pour l'exécution de ce traité, la supérieure Navarre
compta à Géraud de Séïda *cent sols* en numéraire de
monnaie de morlas, et lui céda une paire de bœufs
pour équivalent des vingt-deux sols restant (1).

En tête de ces négociations entre les dames religieuses
et ces derniers personnages qui cèdent leurs droits dans
le village de Saint-Germier, il en est une très importante
et qui servira de pivot sur lequel viendront s'appuyer
les droits et prétentions du monastère dans plusieurs circonstances qui seront énumérées ultérieurement.

C'est un acte de l'année 1192, dans lequel figure

_____

(1) Archives du monastère de Boulauc.

4

Bernard-Sancius d'Argobald, et rédigé dans les termes qui vont suivre :

« Il faut savoir que Bernard-Sancius d'Argobald de
» gré et bonne foy, et sans aucune retention ni pour
» lui, ni pour ses successeurs présents et futurs, *donna*
» à Dieu, à notre dame de Boulauc à Géneis prieure,
» à Sanche de Saint-Jean prieur, et à tout le cou-
» vent présents et futurs, le *château* et *l'église* de
» Saint-Germier, toutes les terres cultes et incultes
» appartenant audit château et église avec les droits de
» chasse, pour que lesdits prieure, prieur, religieuses
» et religieux possédassent ces droits librement et sans
» aucune recherche, renonçant tant pour lui que les
» siens *à toute sorte de juridiction* pour toujours.
» Guillaume Amaneus et Ana-Maria d'Escorneboue ses
» deux enfants ont loué et confirmé le présent don, et
» doivent porter bonne et ferme garantie de tout ce
» dessus aux habitants dudit couvent de Boulauc, pour
» lequel don ledit d'Argobald a tout présentement reçu
» par charité soixante sols morlas. Les témoins et
» cautions de ce fait sont : Adouès de Séïda, Centulle
» de Phimarcon, Donnet Billa, Porcella d'Esparbès.
» Ce a été fait l'an 1192. Régnant, Philippe de France,
» et Bernard archevêque d'Auch. » Azéma, curé de
» Faget, a écrit le présent acte (1).»

Des rapports de bon voisinage s'étaient établis, dès le début, entre le couvent de Boulauc et le monastère de Saramon.

(1) Archives manusc. du monastère de Boulauc.

Nous le voyons dans plusieurs conventions ou trai-
tés survenus entre ces deux communautés par l'intermédiaire des supérieurs qui en avaient la direction.

Ainsi, c'est d'abord Bernard, deuxième d'*El Juncar*,
abbé du monastère de Saramon, qui, au commencement du xiiie siècle, « engage, du consentement de son
» clergé, consilio et voluntate clericorum Cellæ-Me-
» dulphi (Saramon) à Ana des Barads, prieure de Bou-
» lauc, les herbages et pâturages de son abbaye pour
» trente sols morlas.»

C'est son successeur, A. de Meilhan, qui renouvelle
le même engagement « moyennant sept sols morlas et
» cinq livres de métal.»

C'est ensuite A. de Saint-Justin qui continue la concession, comme abbé de Saramon, moyennant une
paire de bœufs.

Nous transcrivons les titres :

« Sciendum est quod B. Del Juncar, qui tenebat ec-
» clesia Cellæ-Medulphi de manu abbatis et capituli
» soriciniensis, consilio et voluntate clericorum Cellæ-
» Medulphi, scilicet R. W. et omnium aliorum... misit
» in pignora omnia et herbatges S. Patri Cellæ-Medul-
» phi, a *Ana des Barats, Priorissæ Boni-Loci* pro **XXX**
» solidis morlas. Quos prædictus B. del Juncar dedit
» Abbati soriciniensi.....

  » Posteà A. de Meilhan, fuit abbas Cellæ-Medulphi,
» et habuit ab habitatoribus Boni-Loci VII solidos
» morlanos pro prodictis pascuis et V Libr. metalli...

  » Elapso autem tempore A. de Sancto Justino Factus
» est abbas Cellæ-Medulphi, qui de consensu sui Capi-

» tuli habuit duos boves à Bono-Loco pro pretio v.
» solidorum in dictis pascuis, anno M.CC.VII. (1).»

Mais là ne se borna pas leur bienveillance vis-à-vis du nouveau monastère. Un acte de leur part, purement gratuit, le démontre suffisamment.

Ainsi, nous avons déjà vu qu'Aznaire-Sanche avait donné à la communauté *un moulin*. Etait-ce un moulin en état, ou un emplacement pour l'y construire ? ou bien ce moulin avait-il besoin de réparations ou d'agrandissements tels, qu'on pouvait les considérer comme une complète reconstruction ?

Nous ne pouvons élucider le fait, et nous nous bornons à copier la chronique de dom Brugèles, qui rapporte la concession à l'année 1234.

» Les moines de Saramon donnèrent à la *prieure de*
» *Bolauc* la permission de bâtir un moulin sur la Gi-
» mone, et de prendre dans leur forêt (de Larrouilh)
» le bois nécessaire pour la *paisselle*, sous certaines
» redevances qu'ils réservèrent, le tout du consente-
» ment de l'abbé de Sorèze qu'ils appellent leur père,
» *de consensu et voluntate soricini abbatis patris sui* (2).»

Les religieuses, pour mieux achalander leur moulin à eau, en cas de sécheresse, eurent la précaution d'y rattacher un moulin à vent qui est celui de *Saint-Ment.*

Nous lisons dans un acte du 23 septembre 1766,

---

(1) Extrait du même cart. de Boulauc, rapp. par BRUGÈLES, *Chron. diocés.*, 3e part., p. 74, aux Preuves, et ibid., part. 2, p. 280 et 279.

(2) DOM BRUGÈLES, *Chron. diocés. d'Auch*, part. 2, p. 280, rapportant les termes du cartul. de Bolauc.

retenu par M⁰ Carrau, notaire à Aurimont, « que les
» religieuses, à la tête desquelles se trouvait alors
» dame Françoise de Montesquiou, assistées de dom
» Jacques-Mathurin Léchat, leur confesseur et curé
» de la paroisse, ont donné pouvoir à haut et puissant
» seigneur messire comte de Montesquiou, baron d'Au-
» biet, seigneur d'Aignan et autres places de donner à
» titre de ferme et arrantement à qui bon lui semblera
» les moulins à eau et à vent que lesdittes dames
» jouissent et possèdent au lieu de Boulauc, apparte-
» nances et dépendances pour quatre années, lequel
» bail ledit seigneur est prié de consentir moyennant la
» quantité de cent sacs de blé froment bel et marchand,
» mesure de Saramon, payable chaque année aux ter-
» mes fixés par le dernier bail (1).»

Il y avait donc dans le territoire de Boulauc ou dans
les lieux circonvoisins, et dans un périmètre très rapproché, une étendue de terrain formant le domaine
rural du monastère et qui se composait, indépendamment des bâtiments et le l'église, des *métairies* ainsi
nommées :

1° La *Mason*, avec une briqueterie considérable;

2° La *Jurie* et non *Julie*, improprement désignée
par ce nom;

3° Le *Prieur*;

4° La *Plapère*;

5° *Saint-Ment*, ou plutôt *Saint-Menne*; car il y avait
autrefois, dans un magnifique reliquaire d'argent con-

---

(1) Etude de M⁰ Alem, notaire à Castelnau-Barbarens.

servé à l'église du couvent, des reliques de ce saint, martyrisé en Egypte au IIIe siècle (1), et, sur ce bien, une chapelle dédiée au saint de ce nom;

6° Le moulin à vent de *Saint-Ment;*

7° Le moulin à eau sur la Gimonne;

8° Des prairies assez vastes sur les bords de cette rivière;

9° Le bois dit *des Dames;*

10° D'autres pièces de terre séparées.

La superficie occupée par ce domaine dépassait cent cinquante-neuf arpens de biens nobles non allodiés, mais encadastrés qui représenteraient actuellement la contenance de 230 hectares environ.

Il y avait de plus certains biens ruraux imposés à trois livres.

Les revenus approximatifs relevés dans les dernières années du XVIIe siècle accusent un chiffre de deux cents sacs de blé sans y comprendre la dîme qui produisait annuellement cinquante-six sacs environ (2).

Ces dîmes étaient dans les derniers temps perçues par François Fontanier, laboureur mandataire du couvent de Boulauc, par acte authentique de 1766 (3).

Les dames religieuses possédaient et jouissaient dans Boulauc :

1° Du droit « de prendre les droits de lods et ventes » et des échanges de *douze* deniers... un, de toutes les » ventes et échanges qui se font audit Boulauc, sui-

---

(1) BRUGÈLES, *Chron. diocés. d'Auch*, part. 3, p. 393.
(2) Archives du monastère de Boulauc, comptes de l'année 1673.
(3) Etude de Me Alem, notaire à Castelnau-Barbarens.

» vant une reconnaissance consentie en 1619 à la
« dame prieure dudit couvent par les habitants (ma-
» nants) et bien-tenants (tenanciers-terriers) dudit Bou-
» lauc;

» 2° Suivant lesdittes reconnoissances *féodales*, les
» fiefs sont fixés à raison de cinq deniers par casal; en
» sus des fiefs, il y a des particuliers qui s'obligèrent
» à payer une redevance en *avoine* et en *poules*.
» Ceux-ci tenaient des biens à titre emphithéotique et
» leurs noms étaient rapportés sur un registre relié
» en veau, pour que dans la suite, en cas de chan-
» gements de nom des familles, on eût l'attention de
» mettre le nom de celui qui *représenterait l'obligé*;

» 3° Les *fiefs* que les dames y prennent montent
» en bloc à plus de *quarante livres* par an. Pour allé-
» ger cette charge, celles-ci les réduisirent à *trente-
» six livres*, à la charge par la communauté de les
» imposer au *marc la livre* de la taille, et que les con-
» suls feraient le payement desdittes trente-six livres
» entre les mains de la *dépositaire* du couvent à la
» fête de tous les saints et annuellement, plus trois
» livres qui seraient imposés sur leurs biens ruraux,
» total trente-neuf livres;

» 4° Les dames prennent aussi audit lieu de Bou-
» lauc toute la dixme de trente-quatre gerbes... quatre,
» de blé, avoine, seigle, orge et épeautre;

» 5° Quant aux fèves, au foin et aux menus grains,
» elles ne devaient prélever la dixme que de dix... un;

» 6° Il y avait une partie du territoire exonérée de
» cette charge; c'était le *Parsan de la Pousaque*;

» Les Dames jouissaient de *ces dixmes,* même de la
» *Prémisse,* comme les tenant de Sanctius-Bernard
» d'Argobald, suivant l'acte de cession de 1192, de
» telle sorte que ces *droits* étaient régulièrement *in-*
» *féodés.* »

Enfin elles avaient fait procéder à l'arpentage de
l'entier territoire de Boulauc pour faire lever un plan
dans le but d'exiger les reconnaissances féodales; mais,
pour éviter ces frais de reconnaissance et utiliser le
travail des arpenteurs, les consuls et habitants s'engagè-
rent à remettre aux dames « un plan, non géométrique,
» mais figuratif et bien proportionné, avec une copie du
» cadastre.» C'est ce qui est minutieusement constaté et
rapporté dans un procès-verbal des consuls de l'année
1563, 25 février, et dans une reconnaissance de la
communauté, de l'année 1619 (1).

Pour donner une idée des valeurs *réelles,* comparativement aux valeurs *monétaires,* les documents notent
qu'à cette époque une vache se vendait de 13 à 16 *livres.*

Un veau.	5 livres.
Un poulain	21 livres.
Une brebis	3 livres.
Une peau de vache.	3 livres.
Et une peau de veau.	9 sols (2).

(1) Archiv. manuscr. du couvent, p. 18 et suivantes, avec les actes
qui y sont rapportés.
(2) Archiv man du couvent, p. 12. Comptes de l'année 1673.

DOMAINE DE PRÉCHAC.

La localité de Préchac où le monastère de Boulauc étend ses propriétés dès le commencement du xiie siècle est appelée *Villa Preissiani* dans les chartes. C'était la désignation primitive des Romains qui appelaient *Villa* des métairies « tellement importantes en étendue » qu'on les assimilait plus tard à de petites villes (1).»

Le frère consanguin d'Aznaire-Sanche, Boamond, fournit l'occasion à sa mère Longue-Brune d'avoir des terres dans cet endroit, en la faisant intervenir dans une querelle imprudemment soulevée par lui contre le comte Bernard, seigneur de Marestang.

Voici dans quelles circonstances :

Le comte Bernard, successeur de Raymond-Bernard, qui possédait à Simorre, vers la fin du xie siècle, le droit de nommer le juge de la temporalité de la viguerie établie dans cette ville, eut des démêlés avec Boamond à cause de ses prétentions dans le maintien de son droit seigneurial ou à l'occasion de quelque entreprise touchant leurs domaines contigus. Le différend n'ayant pu être assoupi par les voies amiables, Marestang vint mettre le siége devant Saramon où Boamond, qui l'habitait, avait établi son système de défense; car la ville de Saramon dépendait du comté d'Astarac. Les chefs

(1) Chéruel, *Dict. hist.*

de cette maison, qui déjà y avaient fondé un couvent, avaient fortifié la ville où l'on voit encore des vestiges de murs d'enceinte et une tour crénelée dont la commune a le droit de prendre possession en cas de guerre pour y établir un point de résistance (1).

Mais Boamond ne put résister longtemps aux assauts répétés que son adversaire dirigeait vigoureusement contre la ville qui finit par céder. Le comte de Marestang, après s'en être emparé ainsi que du couvent, la livra au pillage, et tout fut saccagé de fond en comble. Sa rage n'était pas encore assouvie; il s'apprêtait à brûler les maisons, lorsque le supérieur du monastère, l'abbé Bertrand d'Antichamp, vint, avec tous ses religieux, implorer la clémence du vainqueur. Celui-ci se montra inexorable, et ne céda qu'à la condition de la remise immédiate d'une rançon de *cent sols morlas*. Le comte était sans argent, le couvent dépourvu de même. Les vaincus se concertèrent, et il fut résolu qu'on s'adresserait pour avoir cette somme à la supérieure du couvent de Boulauc, à Longue-Brune elle-même, la mère de celui qui avait provoqué la querelle et amené ce désastre. Celle-ci convoqua les personnes du monastère, et il fut résolu que la somme serait comptée à la condition qu'il serait fait cession de tous *les droits honorifiques* possédés dans la localité de *Préchac* (in villa Preissiani) par l'abbé, les religieux, les habitants de Saramon, et le comte lui-même, en faveur de la communauté de Boulauc.

(1) Délibérations de la municipalité.

C'est ce qui est constaté par l'acte qui va suivre :

« Notum sit omnibus, tam præsentibus quàm futuris,
» quod Bernardus de Marestaing habuit guerram cum
» comite astaracensi Boamundo. Bernardus suprà dictus,
» quodam tempore, cum magno exercitu, villam *Cellœ-*
» *Medulphi* (Saramon), et monasterium cœpit. Devas-
» tatis omnibus, quæ ibi erant, voluit recedere et villam
» ardere. Abbas verò, nomine Bertrandus d'Antichamp,
» cum suis monachis, ante faciem Bernardi suprà dicti
» venit, indulgentiam petens ut villam non arderet. Ju-
» ravit ipse se illam arturum, nisi redimeret. Tandem,
» abbas centum solidis villam redemit. Ipse, impeditus
» undè haberet istos solidos (centum), ad domum *Boni-*
» *Loci* pervenit, ibique dominam priorissam nomine
» Longam-Brunam invenit, dicens sibi, quod si vellet
» *totum honorem* quem S. Petrus, et abbas, et monachi,
» et habitatores *Cellœ-Medulphi* (Saramon) habebant in
» villa *Preissani* (Préchac près d'Aurimont), ei in pignus
» mitteret. Tunc priorissa *vocavit* ad se *fratres* et sanc-
» timoniales (les religieux et les religieuses) qui ade-
» rant; concilium acceperunt ut centum solidos in istud
» pignus darent; sicque factum est. Hujus rei sunt
» testes : Boamundus Comes, in cujus manu hoc fuit
» factum; Pierre Desbarats; Dodo de Semedios, Oddo
» de Logorsano, abbas Fageti, etc., etc., anno (1145)
» M. C. XLV.)»

Par une autre négociation, les domaines du monastère
s'agrandissent encore sur le territoire de Préchac.

---

(1) Extrait du Cart. de Boulauc, rapporté par Brugèles. *Chron. du diocèse d'Auch*, 2ᵉ partie, des Preuves, p. 46, § 3.

Voici comment : un comte d'Astarac, Sanche deuxième probablement, avait acheté, au seigneur Olivier de Polastron, un cheval pour la somme de *cent sols morlas*. N'ayant pu les lui payer, « il engagea tout ce qu'il » jouissait dans le lieu de Préchac (1). » Olivier de Polastron, ayant marié une de ses filles avec Guillaume des Barads, comprit dans la dot les droits que Sanche lui avait abandonnés sur Préchac. Quelque temps après, des Barads, ayant eu besoin de réaliser cette somme, négocia sa créance avec un nommé Guillaume Seïda, le même ou parent de celui qui possédait déjà une partie du village de St-Germier.

Cependant les comtes d'Astarac, et notamment Boamond, auraient voulu conserver cet héritage à leur famille; et alors on eut recours à la Supérieure du couvent, Longue-Brune, qui racheta de Seïda cette créance, et fut ainsi naturellement substituée au lieu et place du créancier et du débiteur primitif actuellement libéré (2).

Par ce moyen, le monastère devient propriétaire de la plus grande partie des droits et des immeubles que possédait, dans le territoire de Préchac, la maison d'Astarac.

AFFAIRE D'ESPARBERS.

Vers le milieu du XIIᵉ siècle, un événement regrettable, sous le point de vue religieux, mais néan-

(1) Vid. Supr.
(2) Archiv. manuscr. du monastère de Boulauc.

moins profitable aux intérêts du couvent, se passe à Saramon :

Un Ecclésiastique, du nom de Géraud d'Esparbers, conçut l'ambition de se faire nommer abbé du monastère de Saramon.

Persuadé que pour réussir dans son projet il avait besoin de l'appui de Boamond, dont il devinait la haute prépondérance en matière d'élection, à cause de sa qualité de comte d'Astarac, il s'adressa à lui.

Un traité secret fut conclu entr'eux. Boamond promit son concours, et d'Esparbers lui compta pour cela une somme de cent sols morlas.

L'élection eut lieu; mais les opérations furent vivement attaquées, et l'on parvint à réunir la preuve constatant l'odieux marché conclu entre l'abbé et le comte. Ce n'était rien moins qu'un crime de *simonie*, c'est-à-dire un *trafic* pécuniaire de choses spirituelles, naturellement hors de tout commerce. La peine ecclésiastique, qui atteignait le coupable, en cas de conviction, était : « la privation, comme indigne de tous » bénéfices actuels et à venir (1). »

Cet acte souleva l'indignation publique; les moines se révoltèrent et entraînèrent avec eux la population. D'Esparbers fut ignominieusement chassé du monastère, et on appela hautement sur sa tête la vindicte publique pour *crime de simonie*.

Mais Boamond jugea prudent de s'arrêter à cette démonstration publique; car ce jugement sommaire du peu-

---

(1) FERRIÈRES, *Dict. de Droit*, voir Simonie.

ple atteignant le but désiré, c'est-à-dire l'expulsion du
prêtre simoniaque. Il avait une autre crainte qui pouvait
le tourmenter : il redoutait la puissance et la colère de
l'ecclésiastique ainsi désappointé dans l'objet de son ambition. En effet, Géraud d'Esparbers était puissant et
pouvait faire payer cher à Boamond l'opprobre dont il
avait été couvert, la déception qu'il venait d'éprouver.
Il leva le masque et demanda ostensiblement la rési-
liation de l'œuvre clandestine et la restitution des cent
sols morlas qu'il avait préalablement remis entre les
mains du comte; il reprocha à celui-ci de n'avoir pas usé
de son pouvoir, afin de faire réussir son élection, ou
de n'avoir su habilement négocier pour son maintien,
après les opérations, auprès des moines et du peuple
coalisés contre lui.

Il appuya sa réclamation d'une menace de guerre, et
annonça hautement l'ouverture des hostilités sur les terres
du comte s'il n'obtenait pas une prompte satisfaction.

C'était traiter de puissance à puissance, comme on
voit. Or, celle de l'ecclésiastique n'était pas à dédai-
gner, puisque Boamond fut le premier à redouter pour
lui les suites d'une prise d'armes.

Il demanda composition, et s'adressa à Longue-
Brune, sa mère, pour sortir de l'impasse. Celle-ci consentit à compter la somme réclamée à la condition que
son fils abandonnerait au monastère de Boulauc et à
son église les droits qu'il possédait sur le territoire de
Préchac, ce qui eut immédiatement lieu d'après le document dont nous rapportons textuellement les termes :

« Sciendum est quod Geraldus Desparbers fuit abbas

» *Cellæ-Medulphi*, voluntate et concilio Boamundi, co-
» mitis de Starag, pro centum solidos quos dedit pro
» abbatia prædicto Boamundo. Ipse mihi in abbatia pro-
» ficient, à monachi et universo populo Cellæ-Medulphi
» expulsus est. Qui videns se positum in opprobrio,
» cum comite Boamundo guerram iniit. Comes verô,
» nolens pati suam devastare terram, promisit se red-
» diturum centum solidos prædicto Geraldo. Boamundus
» fecit ad se venire priorissam *Boni-Loci*, quæ erat ma-
» ter sua, nomine *Longæ-Brunæ*, et ostendit ei quod
» centum solidos quos ipse debebat prædicto Geraldo
» persolvere, ut ecclesia Boni-Loci et habitatores ejus-
» dem loci istos centum solidos habeant super *omnia*
» *jura* quæ comes debet habere in villa *Preissani*. Ipsa
» audiens hæc verba, ad domum rediit, et concilio
» fratrum ac sanctimonialum, centum solidos supra-
» dicto Geraldo Desparbers dedit. Hujus rei sunt testes :
» A. Desparbers et G. de Pontéjac, R. W. de Den-
» saïda, et W. de Monpesad et alii multi. Anno M. C. L.
» (an 1150.) (1)

DIXMES A PRÉCHAC.

Indépendamment de ces propriétés en immeubles
ruraux dont il vient d'être question et des droits honorifiques qui y étaient attachés, le monastère de Bou-

---

(1) Extrait du cartul. de Boulauc, rapporté par Brugèles, *Chron. dioc.*,
partie 2, des Preuves, p. 47.

lauc en acquiert d'autres qui proviennent d'une source différente.

Raymond Ier, de l'Isle, abbé de Saramon, possédait des droits de *dixme et de seigneurie* directe dans le territoire de Préchac.

Ayant eu des démêlés avec la prieure de Boulauc, en l'année 1265, un procès survint entre eux ; mais il y eut transaction sur sentence arbitrale, rendue par un religieux et une religieuse, choisis par les parties elles-mêmes et prises chacune dans leur propre sexe. — C'était l'abbé de Simorre, expert de l'abbé de Sara-mon, et dame de Sainte-Gemme, prieure de Montaut, tenant les intérêts de sa sœur, prieure de Boulauc.

« Par suite de cet accord, l'abbé Raymond relâcha
» en faveur du monastère de Boulauc tout ce qui lui
» restait encore du *droit de dixme et de seigneurie*
» directe dans le lieu de Préchac, sous quelques re-
» devances qu'il réserva pour son monastère (1). »

Ainsi, le monastère avait le droit de prélever dans le territoire de Préchac :

« 1° A *titre de dixmes*... de trente-quatre gerbes...
» quatre ; de même des fèves, du foin, du lin et ven-
» danges. — Des autres menus grains, de dix... un.

2° Il pouvait exiger : « de chaque habitant, feu allu-
» mant, pour *droits de queste*, deux mesures avoine
» comble, mesure de Saramon ; une *poule* payable à
» la fête des Saints, et un poulet à la Saint-Jean. »

3° Il avait « le droit de lods et ventes et échanges

---

(1) Dom Brugèles, *Chron. diocés. d'Auch,* partie 2, p. 280, rapp.
le cart. de Boulauc.

» de toutes acquisitions et échanges sur lesquelles il
» prenait un droit de *un denier* sur douze. »

4° Il percevait « les fiefs à raison de *cinq deniers*
» *par casal.* » Ce droit fut plus tard réduit considé-
» rablement.»

5° Il prenait « le *droit de quart* de tous ces fruits
» de *certains biens* indiqués dans le dénombrement de
» 1605 (1). »

Pour sauvegarder ce droit de *quart* sur certains
biens, et prévenir les difficultés qui auraient pu
survenir en cas de partage de ces biens entre cohéri-
tiers, enfin, pour établir, d'ors et déjà, la quote-part de
chacun ou son dividende en passif par suite de la sub-
division des corps de domaines, les religieuses exigè-
rent des possesseurs des biens au quart, indépendamment du dénombrement, « une contre-reconnais-
» sance en forme de dénombrement des biens dont
» chacun jouit. Quant à l'énonciation du quart de l'es-
» pèce de fruits, on s'en rapporte « *à la décision de*
» *messieurs les avocats* (2). »

C'étaient les consuls de Préchac qui devaient, par
une sorte de répartition, imposer les habitants *pour la*
rentrée des rentes, afin de les remettre eux-mêmes
aux *collecteurs des dames* religieuses annuellement à
la fête de tous les saints *et pour les droits seigneu-*
riaux (3).

Le monastère de Boulauc jouissait aussi, à titre de

(1) Archiv. manuscr. du couvent, pag. 21 et 11.
(2) Ibid.
(3) Ibid.

propriétaire, « de certains biens-nobles qui n'étaient ni
» abonnés, ni encadastrés.»

Il fut convenu dans la même transaction qu'il serait
procédé à un arpentage de ces immeubles pour en dresser un plan géométrique et arriver ainsi à la désignation précise des nouvelles *reconnaissances féodales*.
Mais, pour éviter des frais frustratoires, les habitants
de Préchac fournirent eux-mêmes un *plan figuratif* de
ces biens dont le couvent se contenta (1).

Il y avait eu longtemps auparavant, au xiiie siècle,
une contestation entre le couvent de Boulauc et le monastère de Saramon « relativement aux limites de Pré-
» chac et de Tirent.»

D'après le mode souvent employé à cette époque de
choisir des arbitres dans chaque sexe, selon celui des
contendants, et dont nous avons vu déjà un exemple,
les dames de Boulauc prirent pour défendre leurs droits
la comtesse d'Astarac, *Séguine*. Les moines de Saramon
eurent le juge du comté de Comminges, Forcius de
Mont, pour leur mandataire. Une sentence arbitrale,
rendue par la comtesse et le juge, termina le différend
à la satisfaction commune des parties (2).

Les droits de dîmes et de seigneurie furent, un jour,
contestés aux dames religieuses par les habitants de
Préchac : il y eut procès entre eux; mais elles furent
maintenues en possession par un arrêt du grand
conseil rendu en l'année 1570, suivi d'un dénombrement opéré plusieurs années après, en 1605. Enfin,

(1) Archives du couvent de Boulauc.
(2) BRUGÈLES, *Chron. diocés. d'Auch*, partie 2, p. 281.

il y eut une reconnaissance générale de ces droits consentie au nom des habitants de Préchac, en 1676, par l'organe de leurs consuls (1).

Nous les retrouvons, en effet, jouissant de leurs droits 90 ans après, car, suivant acte public du 15 avril 1766, passé devant Me Carrau, notaire à Aurimont, « les religieuses baillent à titre de ferme et arren-
» tement pour l'espace de quatre années aux sieurs
» Géraud Cabiran de St-Caprais, François Amade de
» Coignax et Cérasy Caussade de Sémézies, les dixmes
» et droits seigneuriaux appartenant auxdittes dames
» dans le lieu de *Préchac*, à la réserve des droits de
» lods et ventes qui demeurent réservés, suivant
» l'usage, à la Prieure du couvent. Le bail est consenti
» pour quatre années et au prix de mille vingt-deux li-
» vres argent, vingt-cinq livres de savon, six paires de
» poulets, six paires de chapons, six paires de poules,
» et douze livres payables à monsieur le prieur de Bou-
» lauc (2). »

Il y avait aussi, à *Préchac*, la métairie de la *Bourdette de La Gleize,* affermée, le 6 mai 1767, à Alexis Darris, bourgeois de Préchac, pour 28 sacs de blé, 20 livres en argent, et des rentes en grains et volailles (3).

DOMAINES A LAURAC.

Vers le commencement du xiiie siècle, les propriétés du couvent de Boulauc s'étendent du côté de *Laurac.*

(1) Archives du monastère de Boulauc.
(2) Etude de Me Alem, notaire à Castelnau-Barbarens.
(3) Etude de Me Alem notaire à Castelnau-Barbarens.

En l'année 1214, un nommé Bernard de Laffargue ou Laforgue conçut le désir de se cloîtrer. Il en demanda l'autorisation à ses enfants parce qu'il allait les dépouiller d'une partie de leur patrimoine adventif. En effet, il *offrait* au couvent pour prix de son admission « tous » les droits qu'il avait ou devait avoir pour lui ou pour » ses *successeurs* tant présents que futurs au lieu de » *Laurac.* »

Ceux-ci y consentirent ne voulant pas contrarier leur père dans ses pieuses résolutions, et Bernard de Laffargue fut reçu religieux au monastère de Boulauc par dame Ana-Alezeiz des Barads qui en était à cette époque la supérieure (1).

Deux ans après, en 1216, une des grandes familles du pays qui possédait un immense territoire portant son nom, *le Polastronais*, vit deux de ses membres prendre la détermination d'embrasser, à Boulauc, la vie cénobitique.

C'étaient Dame *Palomme*, épouse de Géraud de Polastron, ainsi que *Pierre* de Polastron son fils. Ils entrèrent au couvent de Boulauc, et y prirent l'un et l'autre l'habit religieux, en y apportant, en rémunération, « indépendamment d'une somme en numéraire de deux » cent cinquante sols morlas, tous les droits qu'ils » avaient ou devaient avoir, de quelle nature qu'ils » fussent, dans le *territoire* de Laurac (2). »

La cérémonie de leur réception fut célébrée avec une certaine solennité si l'on en juge par les personnages

(1) Archiv. manuscr. du couvent, p. 12 et 13.
(2) Archiv. manuscr. du couvent, p. 13 et suiv.

qui y figurèrent, ainsi que par les témoins dont la présence fut mandée. Il y avait toute la famille de Polastron, Géraud et ses quatre enfants Fézac, Bernard, Guillaume et Azémar. Assistant avec résignation à cette séparation de leur épouse, de leur mère, d'un de leur frère, à cette sorte d'ensevelissement anticipé, ils ratifièrent sans difficulté et spontanément tout ce qui avait été concédé dans cette admission au monastère de Boulauc, « les enfants promettant de ne jamais rechercher » ni quereller ce démembrement préalable de leur » succession maternelle (1).»

Parmi les témoins et assistants, on remarquait l'abbé de Faget, Guillaume de Maurens, Raymond de Lucante, Raymond d'Arcamont, Pierre de Laffitte, Azémar de Lartigue, et Pierre de Saint-Jean.

Fezac, étant devenu à la mort de son père chef de la maison de Polastron, permit à une de ses sœurs de prendre le voile à Boulauc, comme l'avaient déjà fait sa mère et l'un de ses frères. Soit pour marquer son avènement par un acte de bienfaisance à l'égard d'un établissement qui possédait déjà plusieurs membres de sa famille, ou bien par l'obligation qu'on lui imposa de fournir une dot à sa sœur pour indemniser le couvent, Fezac « fit donation au couvent de deux places de terre » (Barsanas) situées sur le territoire de Laurac.» Et quelque temps après, moyennant cent dix sols morlas, « il céda aux religieuses, *ou leur engagea,* toute la terre

---

(1) BRUGÈLES, *Chron eccl.*, partie 3. p. 394. D'AIGNAN DU SENDAT, t. 1er ou 83, p. 943.

» qui lui restait dans cette localité au lieu dit *Empey-*
» *ron.*»

« Sciendum est quòd Fezaccus de Porastro, concilio
» ac voluntate fratrum suorum Azemarii et Arsivi, de-
» dit *duas Barsanas* de terrâ *d'el Perro* habitatoribus
» Boni-Loci, præsentibus et futuris, pro sorore suâ
» quam fecit monacham in domo Boni-Loci; et idem
» Fezaccus misit in pignus totam aliam terram quam ha-
» bebat ad *Perroni* habitatoribus pro cx solidis. Om-
» nium prædictorum testes sunt : Arsivus, frater Fe-
» zacci et Peyrucath, et B. de Colombario (1).»

Le couvent de Boulauc fit d'autres acquisitions dans
ce territoire de Laurac. Il y devint propriétaire d'une métairie appelée *Embertranon.* Il avait aussi au village une
maison, que l'on croit avoir été une annexe du couvent,
avec un jardin de la contenance de six places, environ
cinq ares.

C'est par des indications de confrontations qu'on est
arrivé à cette découverte; car les principaux documents
à consulter ont été détruits, il y a plus d'un siècle, à
l'occasion d'un procès interminable entre le seigneur de
Polàstron et la commune de ce nom. Enfin, les dames
religieuses y possédaient des fiefs, puisque, à la date du
27 juin 1770, elles afferment à Alexis Darris les fruits
décimaux et *seigneuriaux*, consistant en grains, questes,
fiefs, droits de lods et ventes, et *devoirs seigneuriaux*,
pour le prix de *mille* livres d'argent et dix poules (2).

(1) *Mémoires de Daignan du Sendat.* t. 86, ou 4ᵉ de la collect.,
p. 1466.
(2) Etude de Mᵉ Alem, notaire à Castelnau-Barbarens.

AUTRES PROPRIÉTÉS DU COUVENT

SUR DIVERS POINTS.

SAUVETERRE ET ESPAON.

La seigneurie de Sauveterre avait été primitivement un apanage de la maison d'Amboise. Elle était passée ensuite dans les mains des seigneurs de Sabailhan, et ceux-ci en vendirent, en l'année 1153, une partie à un abbé de Berdoues, du nom d'Albert Ier, ainsi qu'à son successeur, l'abbé Arnaud.

Ce dernier traita plus tard de toutes ces propriétés, c'est-à-dire des siennes propres et de celles acquises par son prédécesseur Albert, avec le comte Boamond et son épouse Rougeaude.

Lorsque ce comte Boamond, après une vie assez agitée, prit la résolution de s'ensevelir dans le cloître de l'abbaye de Berdoues, où il mourut, et que son épouse Rougeaude entra elle-même au couvent de Boulauc, leurs immeubles de Sauveterre devinrent la propriété de ce couvent.

En effet, le comte, la comtesse et leur fille Béatrix cédèrent à la supérieure Ana-Galdéa, en 1177, « toutes « les terres qu'ils possédaient à Sauveterre et à Es- » paon, jusqu'à la Save (1).»

C'était, de la part de Boamond, un don qu'il faisait; c'était en même temps de la part de la comtesse et de

_____

(1) BRUGÈLES, *Chron. diocés. d'Auch*, partie 2, p 296-297, et partie 3, p. 394.

sa fille, l'apport d'une dot pour indemniser le monastère de Boulauc des dépenses d'entretien qu'elles allaient lui occasionner.

Enfin, un seigneur de Sabailhau, Arnaud, fut entraîné par l'exemple et voulut attacher son nom à un acte de bienfaisance vis-à-vis du monastère en lui faisant un don gratuit « d'une portion qui lui restait de terre » et seigneurie de Sauveterre (1).»

Il y avait pour témoin de la donation : l'abbé de Simorre Arnaud-Guilhaume de Panassac.

Ce domaine du monastère de Boulauc, dans le territoire de Sauveterre, se composait d'immeubles et de dixmes.

Deux actes publics de l'année 1766, passés devant leur notaire habituel, Me Carrau, d'Aurimont, les font connaître d'une manière certaine.

Par le premier de ces actes, « elles afferment à Pierre » Lassave la métairie qu'elles possèdent *noblement* à » Sauveterre et biens en dépendant, pour quatre années, » moyennant le payement annuel de quarante sacs de » blé-froment bel et marchand, deux mesures gros » millet, quatre pipots bon vin, sept paires de poulets, » sept paires de poules, sept paires de chapons, quatre » paires d'oies et quarante livres de beurre de Campan, » et à la charge d'y planter chaque année vingt-quatre » saules ou peupliers (2).»

Par le second de ces actes, passé le même jour 29 avril « 1766, elles baillent à titre de ferme et arrentement,

(1) Brugèles, *Chron diocès d'Auch*, partie 2, p. 199.
(2) Etude de Me Alem, notaire à Castelnau-Barbarens.

» pour quatre années, à Jean Bouas, charpentier à Sau-
» veterre, les *fruits décimaux* que lesdittes dames ont
» accoutumé de prendre audit lieu de Sauveterre, au
» diocèze de Lombez, moyennant le paiement de *trente-*
» *trois* sacs de blé-froment et la somme de cent qua-
» tre-vingt-quinze livres.»

Il est stipulé que le fermier remettra le blé à l'évêque
de Lombez et en rapportera une quittance, et qu'il dé-
posera une partie de l'argent au *bureau du diocèse de
Lombez* (1).

On voit que ce sont là des *biens nobles* qui leur sont
arrivés gratuitement et dont elles font aussi un *noble*
emploi.

SIMORRE, PESSAN.

Arnaud-Guillaume de Panassac, abbé de Simorre,
qui, depuis l'année 1191 jusqu'en 1225 « avait assisté,
» dit la chronique, à un certain nombre de dona-
» tions faites au monastère de Boulayc,» ne fut pas
toujours témoin passif de ces actes de pieuse rémunération. Il avait pris lui-même l'initiative dès la première
année.

Nous possédons deux documents des années 1191
et 1208, dont nous donnons ci-après le texte par
lesquels l'abbé de Simorré cède au monastère, pour le
prix de deux cent trente-sept sols morlas et une paire de
bœufs, plusieurs droits et priviléges sur les territoires

---

(1) Elude de Mᵉ Alem, notaire à Castelnau-Barbarens.

de Simorre et de Pessan. Ils consistaient en droits de
dépaissance, chauffage et de *chasse.*

C'étaient les supérieures, dames Agnès et Alazeitz
des Barads, qui traitèrent avec lui.

Cet abbé qui cède des droits sur le territoire de *Pessan*
les possédait réellement, en avait le droit alors, car l'abbaye de Pessan était une dépendance de celle de Simorre.

Il paraît étrange, au premier abord, que des religieuses acceptassent *un droit de chasse,* dont elles ne
pouvaient jouir personnellement, étant dans un état de
claustration absolue ; mais en recherchant l'étymologie
et le sens du terme employé dans la charte de concession, on finit par comprendre qu'il s'agit ici d'une
dîme à prélever sur le gibier qui serait abattu dans
ces divers territoires par les gardes forestiers des dames
religieuses.

En effet, on lit que cet abbé leur céda : « *Spadlarum*
» *totius venationis quam cum suis canibus fecerint.*»
Or, le mot *spadlarum,* ou *spadula,* ou *spadularis* tire
son origine d'un synonyme latin *humérus, épaule.* C'est,
au figuré, la quatrième partie du produit de la chasse,
parce qu'en réalité l'épaule est à peu près, selon qu'elle
est découpée, le quart d'une pièce de gibier. On en
trouve l'explication dans une ancienne charte qui portait une concession pareille dans un pays voisin : « Conce-
» dimus ut si quis porcum (un sanglier) an cervum
» (un cerf) cœperit venando, *quartam,* sive *spadula-*
» *rum* sancto Savinio persolvat (1).»

(1) *Glossaire* de DUCANGE, v° Spadularum.

Suit le texte des deux titres de concession :

» Sciendum est quod Arnaldus Willelmus de Pa-
» nassac, dictus abbas de Cimorra, bono animo et vo-
» luntate et sine dolo, et pro omnibus sibi successo-
» ris, cum consilio et voluntate monachorum ecclesiæ
» Cimorritanæ, misit in pignus *Agnesiæ Priorissæ*
» *Boni-Loci*, Sanctio de sancto Joanne Priori ejusdem
» loci, et universo tam monachorum quàm fratrum
» conventui ibidem Deo servienti, pascua et herbatges,
» et explectam lignorum ad opus cabanarum et igne et
» spadlarum totius venationis quam cum suis canibus
» fecerint : et liberum introitum et exitum per omnes
» terras suas, exceptis terris bladatis, hortis et vineis
» cultis, pro C.L.XXX.VII, solidis et. dimidio bono-
» rum morlanorum ; et debet inde facere bonam et
» firmam guirenciam de omnibus amparatoribus præ-
» dictis habitatoribus Boni-Loci. In hoc pignore inter
» abbatem et habitatores dicti loci tale pactum factum
» fuit, ut cùm habitatores Boni-Loci voluerint ani-
» malia sua in prædictis pascuis intromittere, per tres
» dies antè abbatem de Cimorra, vel ejus vicarium
» promoveant, ut fossas discooperiri faciat, et omnes
» tensuras quæ vel vaccis, vel ovibus nocere possint,
» jubeat distendi ; quod si post monitionem eorum fa-
» cere neglexerit, et animalium eorum aliquod dam-
» num antè venerit, ipsum ex integro damnum, abbas
» prædicti monasterii habitatoribus Boni-Loci restituere
» debet, hoc prædictum pignus tunc poterit redimi
» quando prædictum monasterium 187 solidos et di-
» midium bonorum morlanorum habitatoribus Boni-

» Loci persolverint. Omnium prædictorum testes sunt :
» Roderic comes Astariacensis, B. de Panassac, W. B.
» Filius ejus, R. Duran, R. W. de Salies, Vitalis de
» Durban. — Factum est anno incarnatione Domini
» M.C.XCI (1191). Azemar capellanus de Fageto
» scripsit (1).»

« Sciendum est quòd Arnaldus Wilhelmus de Panas-
» sac, abbas de Pessan, pro se et pro omnibus succes-
» soribus suis, præsentibus et futuris, misit in pignus
» Ana Alazeiz des Barads priorissæ, et R. de Dolompoi
» priori, et universo *Boni-Loci* conventui præsenti et
» futuro pascua, et herbatges, et expleitam lignorum
» ad opus cabanarum et ignium, et espadlarium totius
» venationis, quam cum suis canibus fecerint; et liberum
» introitum et excitum per omnes terras S. Michaelis de
» Pessan, exceptis terris bladatis, hortis et vineis cul-
» tis, pro uno bove pretii XX solidorum morlan, et pro
» L solidis morlanis in denariis; et debet idem facere
» bonam *guirentiam* de omnibus *amparatoribus*, præ-
» dictis habitatoribus *Boni-Loci*. Hoc *pignus* fuit factum
» cum consensu et voluntate Sancii-Garciæ et Wilhelmi-
» Bernardi nepotis prædicti abbatis. Hujus rei sunt testes
» B. Capellanus Cimorræ, et frater Vitalis d'Ardene,
» et Bonetus de Laisag, anno incarnationis Domini
» MCCVIII (1208) (2).»

(1) Extrait du cart. de St-Laurent rapp. par Ste-Marthe, p. 32, et reproduit par Brugèles. *Chron. du dioc.*, Preuves, 3ᵉ partie, p. 73, § 3.
(2) Ibid.

MORNED.

Le chroniqueur dom Brugèles rapporte, sans autre désignation de lieu ni appréciation de valeur, « que, » en l'année 1237, Guillaume de Laffitte, abbé de Gi- » mont, vendit au monastère de Boulauc *le lieu de* » *Morned* (1).»

Il constate aussi, mais sans plus de détail, une dona- tion de la même époque faite au monastère en la per- sonne de sa supérieure, Marie de Montaut, par le comte Bernard de Marestang (2).

GOULENS, FALS.

Maintenant, nous nous éloignons du territoire de Boulauc pour nous porter sur les rives de la Garonne, dans l'Agenais, où le couvent possédait un moulin et quelques fiefs.

C'était dans la juridiction d'Astaffort et de Layrac, à la jonction des rivières du Gers et de la Garonne. On disait que l'usine rapportait « *par jour un sac de 80 litres de blé.*» Les droits seigneuriaux consistaient en *dixmes, lods* et *ventes* et autres *fiefs* dans les paroisses de Goulens et Fals. Goulens est encore dans la com- mune de Layrac; Fals est une commune du canton d'Astafort (Lot-et-Garonne.)

(1) Dom Brugèles, *Chron. diocés. d'Auch,* rapport. du cartul. de Boulauc, partie 2, p. 320.
(2) Ibid.

Les documents qui font connaître la consistance de ces propriétés omettent de diviser les revenus des dîmes d'avec ceux du moulin. On ne peut contrôler le produit de cette usine et confirmer l'allégation qu'en donne la tradition; mais, en ablotant le tout, on peut se faire une idée de l'importance de cette propriété. Nous trouvons une base certaine d'évaluation dans deux actes de bail à ferme retenu par Mᵉ Carrau, notaire d'Aurimont, à la date du 17 mars 1765, renouvelé le 8 juillet 1769, consentis en faveur du sieur Joseph Castaing, négociant à Astaffort, et Gélos de Goulens, par la supérieure du couvent de Boulauc, « dame Françoise de Montesquiou,
» assistée de dames Marie d'Aram, boursière, Jacquette
» de Ligardes, portière, Hélène de Monlezun, déposi-
» taire, Marguerite de Labarthe, célérière, et de dom
» Jacques-Mathurin Lechat, leur confesseur et curé
» dudit lieu et paroisse de Boulauc.»
» Elles lui baillent, à titre de *ferme* et *arrentement,*
» les dixmes de Goulens et Fals, moulin de Goulens,
» par indivis avec M. de Lasserre, quartier de Poli-
» mont et de Goudas, juridiction d'Astaffort, même
» tous les droits seigneuriaux, rentes, lods et ventes et
» fiefs, pour l'espace de quatre années, au prix annuel
» de *trois mille francs* en argent, plus : 15 livres de
» sucre, 15 livres de dragées, 5 livres de géroffle, une
» livre de muscade, une livre de géroffle, trois livres
» de canelle, six livres de poivre, un quintal et demi de
» morue sèche et six couples de grandes morues blan-
» ches, 50 livres de savon, poids de marc, et 40 can-
» nès de toile d'Agen, à la charge par le preneur de

» payer chaque année cinq livres aux pauvres de Fals
» et cinq livres à ceux de Goulens. Il devra aussi ver-
» ser au bureau de Condom, mais en déduction du prix
» de ferme, les charges que les dames religieuses vou-
» dront bien s'imposer, et le droit d'*attache* et honoraire
» au prédicateur d'Astaffort; sans rien déduire du prix du
» bail, à raison des *novallas* des curés desdits lieux (1).»
Les *novales* étaient un droit que les ecclésiastiques
prélevaient sur les *dixmes* « in cujus parochiâ sur-
gunt (2).»

AURIMONT.

Le monastère de Boulauc possédait des immeubles et
des droits de dixme dans le territoire d'Aurimont. C'est
ce qui résulte des documents trouvés aux archives du
couvent, concernant *Montoussé,* dans le territoire d'Aurimont, où il y avait des dixmes à percevoir.

Le couvent y possédait aussi deux pièces de terre en
nature de prairies, qui lui avaient été rétrocédées, en
l'année 1788, par le sieur de Griffollet, pour la somme
de cinq cent vingt-quatre livres, et concernant lesquelles
il y eut un procès devant le sénéchal et le parlement de
Toulouse (3).

Enfin, d'après la chronique, il y aurait eu plusieurs
donations en faveur du monastère de Boulauc dues à la
munificence « de plusieurs autres seigneurs » et notam-

(1) Etude de Me Alem, notaire à Castelnau-Barbarens. Minutes du
not. Carrau.
(2) Ferrières, *Dict. de Droit,* voir Novales.
(3) Archives de la commune d'Aurimont et du couvent de Boulauc.

ment de ceux de *Sarrant*; mais aucune indication
que celles énumérées plus haut n'ont été données, et
nous pouvons maintenant, pour compléter cet inven-
taire, passer aux actes *gratuits* après avoir analysé ceux
qui avaient été stipulés à titre onéreux.

TESTAMENTS.

En l'année 1177, Arnaud Roger, évêque du pays de
Comminges, lègue, dans son testament, en faveur du
monastère de Boulauc, la somme de *cent sols morlas* (1);
c'est vingt-six années après la fondation du couvent
de St-Laurens de Comminges, et il est probable que cet
évêque voulut par ce souvenir manifester sa reconnaissance à la supérieure Longue-Brune qui s'était si bien
dévouée pour accomplir à Saint-Laurens, lors de son
organisation, les désirs du prélat.

TESTAMENT DE CENTULE.

Le comte d'Astarac, Centule Ier, écrivit aussi, à la date
de 1230, un testament remarquable où il distribue une
partie de ses biens à une infinité de maisons religieuses
non-seulement du territoire d'Astarac, mais encore de
l'Armagnac et même d'Agen.

Le texte de cette pièce importante qui jette un rayon
lumineux sur l'esprit de l'époque, dans la classe nobi-

(1) *Gallia Christ.*, t. 1er, inst. cit. le cartul. de Boulauc. **V.** aussi
dom Brugèles, partie 2, p. 297.

liaire, a été soigneusement conservé dans plusieurs recueils.

Nous croyons devoir en détacher l'extrait qui concerne particulièrement Boulauc.

« In nomine Patris, etc., etc... Ego Centol, Dei
» gratiâ, comes Astaraci, bonâ memoria, et in bono
» statu, fas mon orde... leisi en remission de nostes
» pecads. A Faged, C.C.C. sols de morlas, qu'ei preien
» Dieu per mi; à Pessan C.C. sols morlas; à Saramon
» CC. morlas; *à Bolaug deux cents sols de morlas* que
» preien Dieu per mi... (1).

DOTATION DE DODON.

Le dernier document que nous rapportons est-il bien une donation pure et simple, ou plutôt une rémunération obligée faite au monastère de Boulauc, c'est-à-dire une dot fournie à une récipiendaire? Nous inclinons à adopter cette dernière interprétation. Dans ce cas, il donnerait la mesure de ces sortes d'apports.

Dodon, seigneur de Sémézies, avait épousé dame Goualdre, qui, pour une cause inconnue, désira peu de temps après abandonner son ménage et prendre le voile. En vain le mari voulut-il s'y opposer, tout fut inutile; il temporisa cependant et refusa d'y consentir, mais sans succès; car « jour et nuit elle le priait et suppliait

(1) MONLEZUN, *Hist. de la Gascogne*, t. 6, p. 338;—Dom BRUGÈLES, *Chron. diocés. d'Auch*, partie 3, aux Preuves, p. 82. Extrait de l'original aux archives de Castelnau-de-Barbarens, chez Garde Morilhon.

» de consentir à ce qu'elle se fît religieuse; » obsédé de ses instances continuelles et n'y pouvant résister, il leva toute opposition, et vint lui-même au couvent de Boulauc pour traiter avec la supérieure. Celle-ci avait cru devoir, dans un cas aussi grave, prendre préalablement l'avis des religieuses et des moines qui fut affirmatif, et l'admission fut prononcée moyennant le dépôt préalable de *cent sols* morlas que le mari s'était engagé à compter pour toute indemnité. C'était lorsque Ana Galdéa était supérieure du monastère, vers le milieu du XIIe siècle (1).

CIRCONSCRIPTION TERRITORIALE.

Pour procéder logiquement, il est nécessaire, avant de rechercher s'il y avait un seigneur à Saint-Germier, et quel en était le titulaire, d'établir ce qu'était la localité de Saint-Germier elle-même, c'est-à-dire si c'était une seigneurie, et dans quelle circonscription territoriale elle était féodalement classée.

Cette dissertation n'est pas sans importance, puisque les dames de Boulauc ne sont pas seulement religieuses dans le monastère; mais qu'elles aspirent, à bon droit, au titre de seigneuresses dans la localité de Saint-Germier et autres lieux, avec jouissance des priviléges qui y étaient naturellement attachés.

Le comté d'Astarac, détaché de l'ancien duché de

(1) Archiv. man. du monast., p. 11 et 12.

Gascogne, était borné de tous côtés par les limites de l'Armagnac, du Fezensac, de la Bigorre et du pays de Comminges. Son territoire était traversé dans sa plus grande longueur par la rivière du Gers, et il avait quatre châtellenies qu'on nommaient : *Moncassin, Villefranche, Durban et Castelnau de Barbarens* (1).

La châtellenie de *Castelnau de Barbarens* comprenait dans sa circonscription plusieurs terres qui étaient Faget-Abbatial (*Altum Fagittum*), Fanjaux (*Fanum Jovis*), Grenadette, Lagarde-Propre, (*Lagouardia* ou *Lop-Garda*), Lartigolle, Mazères, Lartigue, Pépieux, Pontéjac, St-Guiraud et Saramon. Tirent en faisait partie d'après les uns; il était sur la limite d'après d'autres documents (2).

Il y avait aussi primitivement, et comme faisant partie du comté d'Astarac, sous le titre de *vicomté*, le *pays de Gimoez* qui comprenait, à son tour, plusieurs terres dont les noms suivent :

Boulauc (en tête), Gimont, Giscaro, Lamothe, *Laurac, Préchac,* Maurens, Montgauzy, Montiron, *Polastron,* Saint-André, Sainte-Marie, Soulignac et une partie d'*Aurimont,* car la paroisse de Saint-Sauveur en était distraite, au moins spirituellement, et dépendait du diocèse d'Auch (3).

Dans chaque châtellenie se trouvait ordinairement un *seigneur* ayant haute, moyenne et basse justice, avec église et prévôté, ce qui lui donnait une préémi-

---

(1) MONLEZUN, *Hist. de Gasc.*
(2) MONLEZUN, *Hist. de Gasc.*, et DAIGNAN DU SENDAT, *Mémoires manusc.*, t. 83.
(3) DAIGNAN DU SENDAT, *Mém. hist.*, t. 85, p. 91, 93, 101.

nence incontestable sur tous ceux qui habitaient le territoire féodal ou qui en dépendaient, fussent-ils même seigneurs. C'était la démarcation des pouvoirs, la distinction des droits.

Cela se traduisait par le degré du titre, c'est-à-dire par l'appellation de seigneur *suzerain*, dominant, majeur ou censier, et de seigneur particulier, *foncier* ou de *fief servant* (1).

Il paraît que les comtes d'Astarac, au moins pendant longtemps, n'avaient pas nommé de délégué de leurs pouvoirs dans la châtellenie de Castelnau de Barbarens, et qu'ils les exerçaient directement eux-mêmes vis-à-vis des autres seigneurs fonciers qui relevaient d'eux.

Cela s'induit de plusieurs circonstances locales. Ainsi, c'est au château de Castelnau de Barbarens que furent toujours déposées, jusqu'en 1723 (époque où on les enleva et dispersa malheureusement), les archives de la maison d'Astarac. Il y avait surtout le testament de Centule Ier, un des actes les plus importants de cette famille, puisqu'il réglait, dans des proportions qui servirent toujours de base, la transmission directe du domaine avec les charges et les donations vis-à-vis des communautés religieuses. Le nommé Garde-Maurilhon était dépositaire de l'original de ce testament.

C'est là où se trouvait le caveau de sépulture des membres de la famille d'Astarac. En effet, on rapporte « qu'en l'année 1573, Henri de Foix, comte d'Astarac,

(1) MONLEZUN, *Hist de Gasc.*, t. 2, p. 487, et CHÉRUEL, *Dict. Hist.*

» ayant été tué au siége de Sommières en Languedoc,
» son corps fut porté à Castelnau de Barbarens pour
» être inhumé dans l'un des tombeaux de famille (1).»

Enfin, là était la résidence de l'auditeur des comptes
de la châtellenie. Bernard Barrère, étant auditeur,
figure avec le consul Bernard Sérez parmi les députés
envoyés à Masseube où furent convoqués, en 1590,
les Etats d'Astarac pour prêter serment entre les mains
du duc d'Epernon, gouverneur de la Guienne (2).

Mais lorsque Gimont sera détaché du comté d'Astarac, Boulauc, qui dépendait de cette vicomté, suivra
aussi son sort, de même que Préchac, Aurimont et
Laurac.

C'est ce qui arriva au XIIIᵉ siècle par la volonté su-
prême du roi Philippe le Bel.

En effet, ce prince venait d'acheter à Hélie de Tal-
layrand et à la vicomtesse de Lomagne, son épouse, le
pays de Rivière-Verdun. Mécontent du comte d'Astarac, Centule III, « à cause de ses insultes et de quelque
» crime, » il lui enleva du même coup plusieurs villes,
notamment Simorre, « et deux portions de terre » entre
autres le pays du *Gimoez* (3).»

Quoique Gimont ne dépendît plus depuis longtemps
du comté d'Astarac, les moines de cette ville montrèrent
une réminiscence de leur ancienne vassalité par un acte
de déférence respectueuse envers un membre de la fa-

---

(1) BRUGÈLES, *Chron. diocés. d'Auch*, partie 2, p. 326.
(2) MONLEZUN, *Hist. de Gascogne*, t. 6, p. 339.
(3) MONLEZUN, *Hist. de Gascogne*, t. 1ᵉʳ, p. 422 ; — DAIGNAN DU
SENDAT, *Mém. manusc.* V. aussi *Revue d'Aquitaine*, t. 2, p. 33, art.
de M. l'abbé Canéto, vicaire-général.

mille de leur suzerain; car, au moment où le corps
d'Henri de Foix passa devant le couvent en traversant
la ville, ils voulurent spontanément et en corps lui faire
processionnellement cortége jusqu'à sa dernière demeure au château de Castelnau-de-Barbarens (1).

SIÉGE SEIGNEURIAL.

Les localités de Boulauc, Préchac et Laurac, an-
nexées à la vicomté de Gimois, n'appartenaient donc plus
au comté d'Astarac depuis que le pays du Gimoez en
avait été détaché au xiii° siècle.

C'étaient des terres seigneuriales qui dépendaient
elles-mêmes d'un seigneur particulier.

Leur caractère est indiqué par plusieurs circonstances locales; ainsi :

Il y avait à Saint-Germier un *château,* une *église,*
une *juridiction,* des *fiefs,* et on l'appelle un *allodial.*
C'est ce que mentionnent formellement les titres déjà
cités de 1143 et 1192. Les archives du couvent ajou-
tent encore : « que, dans l'enclos du monastère, se
» trouvait un *château* où logeait le *seigneur de Saint-*
» *Germier.* » On en voyait récemment les ruines.

Or, la fondation d'une église, l'érection d'un château,
la création d'une juridiction, l'établissement d'un allodial sont autant d'éléments constitutifs d'un siége féodal,
et nous en trouvons la démonstration dans une série de

(1) BRUGÈLES, *Chron. dioc. d'Auch,* partie 2, p. 326.

documents officiels, jusqu'au milieu du XVIIIe siècle, où nous lisons « que dans le *consulat* de *Boulauc* la nature » des fiefs est une *seigneurie* (1). »

Le territoire de *Préchac* offre aussi des particularités de nature à lui donner le caractère d'une propriété seigneuriale.

C'était d'abord une *villa*, signe certain d'une situation exceptionnelle dès les premiers temps.

Ensuite, l'abbé de Saramon y possédait des *droits honorifiques* (2). C'étaient « les honneurs rendus aux pa- » trons, fondateurs ou bienfaiteurs d'établissements re- » ligieux, » et qui se traduisaient « en démonstrations, » ou attributions de préséances, dans les assemblées et » aux processions où le privilégié recevait la première » aspersion de l'eau bénite, la première distribution du » pain bénit, l'encensement et le baisement de paix (3).»

Cette obligation des gens de Préchac vis-à-vis des dignitaires du monastère de Saramon indique donc un assujétissement féodal, et, conséquemment, l'établissement d'un siége seigneurial ou du moins d'un fief de vassalité.

Enfin, dans les états de la généralité de l'année 1748, on désigne *Préchac* « comme une *seigneurie* dépendant » de la vicomté Gimois, sénéchal de Toulouse (4).»

La localité de *Laurac* accusait encore aussi une ori-

---

(1) Registres de la généralité d'Auch en 1743, p. 285. Archives du greffe du tribunal d'Auch.
(2) Vid. sup , acte de 1145.
(3) FERRIÈRES, *Dict. de droit*, voir *Droits honor.*
(4) Registres de la généralité d'Auch, an 1748, p. 285. Arch. du greffe du trib. d'Auch.

gine seigneuriale, puisqu'elle appartenait en grande
partie à la maison de Polastron, et que, d'après les ruines qu'on y découvre, on reconnaît facilement les vestiges d'anciennes constructions ayant une grande importance et faisant supposer un endroit autrefois considérable. « Ce sont des tas de matériaux et de cendres
» dans un périmètre d'un kilomètre de longueur sur
» deux cents mètres de largeur, et dans une colline
» dont plusieurs points ont conservé les noms de *Pa-*
» *douenc, Marché aux porcs, Halle aux grains* (1).»

Ces indications traditionnelles corroborent les preuves
d'une ancienne origine. Il y a plus :

Lorsque l'évêché de Lombez fut érigé, en l'année
1317, et qu'on voulut y attacher des revenus pour soutenir le rang du prélat qu'on y envoyait, on fit une
sorte de recensement pour imposer des cotisations dans
les diverses localités qui en dépendaient. Or, Laurac
faisait partie « du haut district de Gimont dépendant de
» l'évêché de Lombez et lui donnait, pour sa part, *cinq*
» *cents livres* de revenus, juste autant que la ville épis-
» copale, c'est-à-dire que Lombez lui-même (2).»

Dans le cadastre communal de l'année 1600, Laurac
est indiqué comme une *seigneurie* (3).

On lit dans les registres de la généralité d'Auch, de
l'année 1748, « que Laurac, de la vicomté de Gimois,
» sénéchal de Toulouse, possède une *seigneurie*, avec
» des droits en dépendant (4).»

(1) Chronique locale.
(2) *Monographie de Lombez*, par A. DARDENNE, 1845.
(3) Note inédite et communiquée.
(4) Archives du greffe du tribunal d'Auch, année 1718, p. 285.

Enfin, on pourrait ajouter que, par acte de bail à ferme de l'année 1770, les religieuses chargent Alexis Darris de Préchac de percevoir *à Laurac* les droits *décimaux* et *devoirs seigneuriaux*, consistant en grains, questes, fiefs, droits de lods et ventes évalués à 1,000 livres d'argent et des redevances en nature (1).

SEIGNEUR PRIMITIF.

Au moment même de la fondation du monastère apparaissent les personnages qui possédaient dans la localité de St-Germier des terres et un titre nobiliaire. Premièrement, c'est dame *Marie d'Escorneboue*. Elle abandonne tout ce qu'elle avait dans l'*allodial* de Saint-Germier à dame Longue-Brune, prieure de Boulauc.

Qu'était-ce qu'un *allodial*?

L'histoire et la législation nous répondent.

Le jurisconsulte Gaïus donne la théorie la plus simple, la plus claire et la plus complète de la propriété chez les anciens. Il distingue le *domaine quiritaire*, qui est la *propriété absolue*, du domaine *bonitaire* qui n'est que la *possession* (2). C'est la même distinction qui se trouve dans les expressions du texte latin *res mancipi* et *res non mancipi*, c'est-à-dire la propriété *pleine, absolue* d'abord, et la propriété *conditionnelle* ensuite. Enfin, c'est ce qu'on appelle plus tard l'*alleu* et le *fief*. L'*alleu*

---

(1) Etude de M⁰ Alem, notaire à Castelnau-Barbarens.
(2) GAII, *Instit*, lib. II, § 40; — et lib. IV, § 16; — et JUSTINIAN, lib. VII, tit. xxv, et lib. I.

est une chose possédée de plein droit ; car « tenir en
» *alleu* si est tenir de Dieu seulement (1).»

Ce mot *alleu* est mis par opposition à *fiefs* ou bénéfices qui n'avaient qu'un caractère conditionnel, secon-
daire ou de pure *vassalité*. L'*alleu* désignait des terres
allodiales, et ceux qui les possédaient étaient considérés
comme *hommes libres*, c'est-à-dire dégagés de toute
obligation et redevance, par opposition aussi aux possesseurs de fiefs et de bénéfices appelés *vassaux*.

De là, il ressort évidemment que la dame d'Escorneboue qui avait des *terres allodiales* à St-Germier en
était dans les premiers temps, et à l'époque de la fondation du monastère, la *seigneuresse*.

Quarante-neuf ans après la cession de dame Marie
d'Escorneboue, celui qui paraît réunir sur sa tête les
principales propriétés seigneuriales, ainsi que les attri-
buts féodaux, c'est-à-dire le *château*, l'*église* et le *droit
de juridiction*, est *Bernard-Sancius d'Argobald*. Il a
même le titre de *seigneur de l'endroit*. Un témoin irré-
cusable, un grand propriétaire du village, puisqu'il en
possède « la troisième partie » lui reconnaît ce privilége
et cette qualité dans l'acte de cession de 1192 où il lui
sert de caution.

D'autres titres viendront postérieurement corroborer
cette haute position de Bernard Sanche d'Argobald en
reproduisant son nom. En effet, il y eut, le 25 février
1563, un règlement des dîmes entre la commune et la
communauté religieuse. Les consuls de Boulauc en

---

(1) LOYSEAU, *des Seigneuries*, chap. 1er, no 42 et suiv.; — BOU-
TEILLER, *Somme rurale*.

dressèrent procès-verbal. Il fut suivi d'un arrêt du grand
conseil, daté de 1570, établissant en fait et en droit :
« que les dames religieuses jouissent de biens nobles,
» possèdent des dixmes et ont droit de nomination à
» la cure de Boulauc *comme tenant leurs droits de*
» *Bernard-Sancius d'Argobald* (1). »

Pour concilier les textes et arriver à une solution
logique, il est nécessaire de rappeler les principes sur
lesquels reposait le système féodal.

Il y avait le seigneur *suzerain ou censier* qu'on distinguait du seigneur *foncier*. Le premier prenait les fiefs,
le second les servait en sa qualité inférieure de vassal.

Or, les comtes d'Astarac possédaient quelques parcelles d'immeubles à St-Germier, des rentes et redevances même, c'est-à-dire « une queste en avoine et en
poules (2). » Ils pouvaient être *suzerains* du lieu, mais
ils n'en étaient pas les principaux maîtres; il y avait un seigneur particulier ou *foncier*. Leurs droits de suprématie
se perdit surtout à l'époque de la réunion de Boulauc à
la vicomté de Gimont. La qualité de seigneur *foncier*
se trouve d'abord entre les mains de *Marie d'Escorneboue* qui y possède l'*allodial;* et, après elle, ce titre est
transmis à *Bernard Sancius d'Argobald* qu'on voit propriétaire du château, de l'église et du droit de juridiction. Ce titre, avec les priviléges qui y sont attachés, il
le cède aux dames religieuses.

(1) Archives du couvent de Boulauc.
(2) Archives du couvent de Boulauc.

LES RELIGIEUSES SEIGNEURESSES.

Historiquement, et dans le langage féodal, la qualification de *dames* indiquait des prétentions à un titre nobiliaire. Les religieuses de Boulauc le savaient parfaitement, et c'est ce qui explique le soin qu'elles mettent constamment à s'en prévaloir.

Mais elles n'hésitent pas plus à prendre le titre lui-même de *seigneuresses*; et, il faut le dire, tous les documents que nous avons analysés jusqu'ici justifient complètement leurs prétentions à cet égard. D'ailleurs, jamais ce titre ne leur fut sérieusement contesté; au contraire, il leur est toujours accordé, soit dans les actes officiels de l'Administration, soit dans les décisions judiciaires, soit, enfin, dans les transactions des habitants de Boulauc eux-mêmes.

Il n'y a qu'à les préciser dans un résumé succinct; ainsi : l'*emplacement* du monastère leur est transmis en 1142 par les comtes d'Astarac, seigneurs suzerains. L'année suivante, les seigneurs fonciers, c'est-à-dire Marie d'Escorneboue, leur abandonne l'*allodial*. En 1192, Bernard Sanche d'Argobald leur cède le *château*, l'*église*, la *premice curiale*, son *droit de juridiction*. Dans les actes authentiques de 1563 et 1619 on reconnaît leurs *droits féodaux* comme les tenant du seigneur foncier de St-Germier. Lorsqu'en exécution de l'édit de décembre 1727 le gouvernement charge le recèveur général Delaborde de la rédaction du livre officiel de la généralité d'Auch pour les années 1748 et 1763, « les religieuses sont considérées comme pro- » priétaires de la seigneurie de Boulauc, de Préchac » et de Laurac.» Enfin, dans ses Mémoires historiques du dernier siècle, le savant chanoine Daignan du Sen- dat les qualifie de « Seigneuresses de *Boulauc* et de » *Préchac* ayant haute, moyenne et basse justice. »

Pour *Préchac*, elles pouvaient invoquer le titre pri- mordial de la cession des *droits honorifiques* consentie en 1145 par l'abbé et les religieux du monastère de Saramon.

Pour *Laurac*, leurs droits seigneuriaux sont encore inscrits dans le cadastre de l'année 1600.

Pour *Sauveterre* et *Espaon*, la collation du titre ré- sulterait de cette série d'actes qui les rendent en dernier lieu propriétaires d'une grande partie du territoire ap- partenant au seigneur. C'était Arnaud de Sabaillan. D'abord, il avait cédé une portion de son domaine aux abbés de Berdoues, et ceux-ci les avaient vendus à la comtesse Rougeaude, qui les apporta en dot en entrant au monastère de Boulauc. Ensuite, ce même seigneur fait don aux religieuses, en l'année 1191, « de tout ce » qui lui reste de la terre et seigneurie de Sauveterre.»

POUVOIR SEIGNEURIAL.

Après avoir recherché et établi la situation de la localité de Saint-Germier, devenu Boulauc, retrouvé et indiqué le titre féodal qu'il portait; après avoir découvert le véritable nom du premier seigneur qui en était le propriétaire, et constaté la transmission de la terre et des priviléges qui y étaient attachés sur la tête de la supérieure et des religieuses du monastère, il devient essentiel d'examiner et d'analyser la nature et l'étendue de ces droits seigneuriaux pour comprendre dans quelles limites ils pouvaient se mouvoir et s'exercer.

En succédant aux droits qu'avait naturellement et primitivement Bernard-Sanche d'Argobald, les dames religieuses possédaient la haute, moyenne et basse justice.

Il est donc nécessaire d'entrer dans quelques développements qui serviront de prolégomènes.

DROIT JUSTICIER.

En théorie, le droit justicier appartenant au seigneur se divisait « en justice haute, moyenne et basse.» Sa juridiction, sous le point de vue de la compétence, pouvait embrasser ces trois catégories; seulement, il y avait des restrictions capitales, un amoindrissement dans son étendue, lorsque le pouvoir royal était mêlé au pouvoir seigneurial, ce qui était ordinairement établi par un traité qu'on appelait *Pariage* ou *Paréage*.

Nous remarquerons plus loin l'intervention de la puissance souveraine dans la création du siége royal de Gimont, à l'époque de l'établissement de la jugerie de Rivière-Verdun.

Cette limite, imposée au droit justicier des seigneurs,

avait sa raison d'être. Il eût été peut-être imprudent de leur abandonner l'exercice d'un droit aussi exorbitant que celui de la *haute justice*, par exemple, qui leur aurait conféré le *droit de mort*, puisque cette attribution se définissait par un seul mot : « *Jus gladii.*» On conçoit que la puissance souveraine, dans un intérêt public si élevé, devait se réserver la révision par une juridiction supérieure des décisions locales pouvant entraîner des peines capitales. Le juge du seigneur pouvait bien faire les premiers actes d'information en cas de délits graves ou de crimes; même, dans certaines circonstances, prononcer des jugements; mais, dans un procès de cette nature, il était établi en principe qu'il n'avait le droit de les faire ramener à exécution qu'après leur confirmation par les *juges royaux*, et, en outre, qu'après révision et approbation par les sénéchaux des provinces.

Le pouvoir judiciaire seigneurial avait assez d'étendue et de responsabilité en exerçant la *justice moyenne* qui atteignait les délinquants passibles d'une simple amende dont le maximum ne pouvait dépasser soixante-quinze livres; ainsi que la *justice basse* qui connaissait des délits et contraventions en matière « de dégâts cau- » sés par les animaux, faits d'injures légères et autres » méfaits du même genre. »

Toutefois, le seigneur sauvegardait son prestige par un pouvoir presque souverain sur le personnel de son administration judiciaire. Il organisait son tribunal, il nommait directement son juge, son procureur juridictionnel ou fiscal, le greffier, enfin, l'archer.

Le baïle, bailli ou bajule, c'est-à-dire le *juge seigneurial,* était un magistrat qui rendait la justice au nom du roi ou du seigneur féodal, commandait les hommes d'armes, administrait les finances et s'occupait de tous les détails du gouvernement local.

Le *procureur fiscal* ou *juridictionnel* fut d'abord chargé, comme *procurator civitatis,* de défendre les priviléges des villes; puis il fut établi près des justices seigneuriales pour y remplir les fonctions de ministère public.

Le *greffier* rédigeait les décisions judiciaires.

L'archer les ramenait à exécution.

Or, les dames de Boulauc exerçaient leur droit de nomination directe. On en trouve la preuve dans un acte de transaction intervenue en 1696 entre la municipalité de Boulauc et la communauté religieuse. Le nommé *Pierre Saint-Laurens* y remplit les fonctions de *procureur juridictionnel, l'archer* s'appelle *Bertrand Carde,* et le *greffier Jacques Magnoac* (1).

CIRCONSCRIPTION JUDICIAIRE

OU JURIDICTION TERRITORIALE.

Naturellement, la circonscription judiciaire s'étendra, en premier ressort, dans tout le cercle tracé pour établir la démarcation de la circonscription territoriale, c'est-à-

(1) Etude de M⁰ Dilhan, notaire à Lombez — Acte du 16 mars 1696.

dire que le pouvoir administratif et le pouvoir judiciaire auront les mêmes limites, et ces limites seront
celles du domaine féodal.

Or, nous avons vu qu'un nouveau remaniement avait
été opéré dans les possessions du comte d'Astarac.
Ainsi, le pays du Gimoez en avait été principalement
détaché par la volonté du roi de France et réuni au
pays de Rivière-Verdun; et, comme *Boulauc* dépendait
de cette vicomté du Gimoez, il suivra nécessairement
la condition qui lui est faite d'après la mesure récemment
prise par Philippe le Bel concernant cette vicomté.

Ce ne sera pas seulement un simple changement de
circonscription territoriale qui s'opèrera; mais la juridiction locale et le ressort d'où elle dépendra subiront
une modification considérable par suite de cette nouvelle organisation.

En effet, après le démembrement du Gimoez et son
incorporation au pays de Rivière-Verdun, le pouvoir
judiciaire est aussi défini, classé, établi.

C'est vers la fin du xiiie siècle que l'autorité royale
crée dans la ville de Gimont un *siége royal*.

Celui-ci est hiérarchiquement placé sous la juridiction d'un tribunal supérieur siégeant à Toulouse. C'est
d'abord le *sénéchal*, ensuite le *parlement*. Le parlement projeté par Philippe le Bel ne fonctionna, toutefois, que sous le règne de Charles VIII. Alors, les
sénéchaux furent amoindris dans leur compétence par
cette innovation dans l'ordre judiciaire; mais, tels quels,
il n'en continuèrent pas moins à exister et à rendre la
justice.

7

Ce n'est pas tout. En établissant un siége royal à
Gimont, Philippe le Bel créait en même temps une
autre institution judiciaire qui lui était supérieure, surtout en *matière financière* : c'était la *jugerie de Rivière-Verdun*. Elle se composait d'un *tribunal d'élection* dont les attributions consistaient « à connoître, en
» premier ressort, de tous les procès civils et crimi-
» nels *concernant les impôts appellés aides, gabelles*
» ou *tailles*. Les *aides* étaient un impôt de huit de-
» niers par livres que les états provinciaux mettaient
» à la charge des municipalités, et que le tribunal
» d'élection d'abord, et la cour des aides ensuite, de-
» vaient faire respecter » (nous en trouverons plus loin
une application touchant la municipalité de Boulauc
dans un acte de 1696).

Les appels de la jugerie de Rivière-Verdun étaient
portés devant la cour des aides établie à Montauban.
Malgré ce degré de juridiction, inférieur en apparence, la jugerie de Rivière-Verdun conservait, par
l'étendue du pays qu'elle avait dans ses attributions,
une importance telle qu'aux Etats de Blois, tenus en
1576, elle se faisait représenter par un député local
pris dans son sein (1).

La vicomté du Gimoez ne fut pas le seul pays détaché du comté d'Astarac pour être annexé au pays de
Rivière-Verdun, et soumis à la judicature supérieure
du siége établi à Toulouse. Il y eut d'autres villes de
l'Astarac qui entrèrent dans cette nouvelle combinaison,

(1) MONLEZUN, *Hist. de Gasc.*, t. 5, p. 409.

et notamment *Simorre*. Il est vrai qu'elle l'avait demandé elle-même à cause des obsessions continuelles du comte d'Astarac son suzerain, et des luttes qu'elle eut à soutenir contre lui. L'abbé du monastère prit ses affaires en main, et sollicita dans ce but l'intervention du roi. Ce vœu des habitants de Simorre ne tarda pas à être réalisé, car nous voyons à Simorre, dès l'année 1297, un traité conclu entre les mandataires de cette localité et le roi de France, représenté par le sénéchal de Toulouse. Il eut pour conclusion un *paréage* qui enlevait à Simorre sa *justice* pour la transporter au domaine royal, récemment rattaché à la couronne, c'est-à-dire à Rivière-Verdun.

L'exécution suivit de près les conditions de cet arrangement. On voit dans les documents publics des années 1320 et 1328 « des prestations de serment du » juge royal de Rivière-Verdun entre les mains de » l'abbé du monastère de Simorre.» Le dernier de ces magistrats, Bernard de Baïnic, remplit cette formalité devant l'abbé Bernard de Ruffiac, qui reconnaît ainsi le pouvoir judiciaire dont le premier est revêtu (1).

Il est donc constant que le pays du *Gimoez* dépendait de la juridiction du pays de Rivière-Verdun. S'il fallait une nouvelle preuve juridique, elle se trouverait dans des décisions judiciaires récentes où l'on reconnaît que la coutume de Lomagne est en vigueur en ce qui concerne l'augment de dot, pour les contrats passés, antérieurement à la promulgation du Code civil, dans

(I) BRUGÈLES, *Chron. diocés. d'Auch*, partie 2, p. 204 et 208, et partie 3, p. 544 (et non 546 par erreur).

le territoire de Gimont. Or, Rivière-Verdun était régi par cette coutume. Il est établi surabondamment aussi que les territoires de Boulauc, Laurac et Préchac furent rattachés à la vicomté du Gimoez, car on en suit la trace jusque dans les registres de la généralité d'Auch en l'année 1748, contenant « l'état en détail de la consistance en » nature des droits dépendant du domaine du roi, tant » de ceux affermés à son profit que de ceux engagés ou » aliénés avec le montant des finances. » On y trouve « que » les consulats de *Boulauc, Préchac* et *Laurac* sont de » la *vicomté de Gimoez, sénéchaussée de Toulouse, ju-* » *gerie de Rivière-Verdun* (1).»

Telles étaient les règles de compétence et d'attribution dans l'exercice du pouvoir judiciaire, en matière criminelle, pendant les temps féodaux, et lorsque les seigneurs y prenaient leur part.

Après la théorie, les espèces; après l'exposition des principes viennent les faits. Nous rencontrons effectivement trois natures de procès qui correspondent aux diverses compétences que nous avons définies; ce sont autant de monuments de jurisprudence dont la preuve judiciaire est acquise pour donner le plus haut degré de certitude à cette partie de l'histoire du couvent.

Ainsi, si le *baïle de Boulauc* intervient dans les cas assez graves de la *moyenne* et *haute* justice, ce n'est pas d'une manière définitive qu'il juge; ce ne peut être que par décision préparatoire ou sous forme d'instruction. La hiérarchie s'étend au *siége royal de*

(1), Archives du greffe du tribunal d'Auch; — Registres de la généralité, année 1748, p. 285.

Gimont, et va aboutir plus haut au *sénéchal* et au *parlement* de Toulouse. Cette compétence comprend les matières civiles et criminelles. En matière de finances, c'est le bureau de *l'élection de Rivière-Verdun* qui est directement saisi, dépendant lui-même de la cour des aides de Montauban.

Nous avons heureusement découvert quelques espèces qui appartiennent à chacune de ces catégories, et qui donnent raison aux théories de compétence ci-dessus développées.

D'abord, en *matière criminelle*, il y a eu deux cas rapportés dans des documents irrécusables, les pièces même des procès; ce sont les :

1° Procès d'Alexandre F......r;

2° Procès des vases sacrés de Préchac.

Le premier crime fut commis à deux kilomètres environ de distance, au nord du village de Boulauc, *aux Branas d'Embeousse*, lieu désert qu'on aperçoit encore, et qui est ainsi désigné dans ces parages. Là, un archer appelé Alexandre F......r, surprit une jeune fille de la famille M....t, occupée à garder son troupeau. Il l'outragea. Une plainte fut portée; la justice poursuivit le coupable qui fut condamné.... à l'épouser. Les pièces du procès ont existé, puisque l'arrêt a été vu et lu par un fonctionnaire actuel de la judicature cantonale; mais ce document a été égaré.

C'est à déplorer : il eût été curieux de savoir à quelle époque ce crime fut commis; si l'archer appartenait à l'armée ou s'il était un de ces appariteurs ou officiers de la force publique dont il a été déjà question. Enfin,

on aurait pu y lire les considérations qui motivèrent
cette pénalité étrange et qui ressemble un peu à la sentence de Salomon. Peut-être y eut-il une intervention
officieuse de la part des magistrats locaux, et voulu-
rent-ils, en évitant à la contrée le spectacle d'un châ-
timent sévère, concilier l'intérêt de la vindicte publique
avec la réparation qui était due à la maison du bourgeois
de Boulauc.

Le second crime fut commis dans l'église de Préchac;
c'était un enlèvement de vases sacrés. Ici, la date est
précisée; c'était dans la nuit du 9 au 10 octobre 1770,
car on lit dans une procuration notariée, du 26 juin
1771, « que les religieuses de Boulauc, assistées de
» dom Jacques-Mathurin Léchat, donnent pouvoir au
» sieur Dominique Bathie, étudiant en droit à Tou-
» louse, de se présenter partout où besoin sera pour
» retirer le Saint Ciboire, le Rayon du Soleil, le Ca-
» lice, la Patène et le Porte-Dieu qui furent volés dans
» l'église de *Préchac*, annexe de Boulauc, dans la nuit
» du 9 au 10 octobre dernier, et que lesdites *consti-*
» *tuantes* ont appris être devers le greffe du sénéchal
» ou prévôté dudit Toulouse (1). »

On ignore si les auteurs du crime furent découverts
et quel fut le résultat de l'information.

Il résulte bien évidemment de la marche suivie dans
ces deux cas que ce fut la judicature supérieure de
Toulouse qui en connut en dernier ressort.

En effet, c'est un *arrêt* qui intervint dans l'affaire

(1) Etude de Mᵉ Alem, notaire à Castelnau-Barbarens, minutes de
Mᵉ Carrau.

suivie contre Alexandre F..... Or, le sénéchal décidait d'abord; le parlement ensuite rendait seul des arrêts.

Nous remarquons que l'information se poursuit, surtout en 1771, devant ces juridictions, puisque les pièces de conviction, les objets volés sont déposés dans les greffes du sénéchal et de la prévôté de cette villa.

En *matière de finances* pour prêts d'argent, c'est le *bureau de l'élection* de Rivière-Verdun qui est appelé à prononcer en 1695, comme nous le verrons plus loin, dans le litige survenu entre les dames religieuses de Boulauc et la communauté, ainsi que ses habitants.

Enfin, en *matière purement civile*, c'est encore le *parlement de Toulouse* qui est seul compétent en dernier ressort, après la décision du *sénéchal*, comme nous le voyons dans un long procès qui s'agite à propos de parcelles de terre en nature de prairies entre le sieur de Griffollet, seigneur d'Aurimont, Miégeville, propriétaire, François Carrau, notaire, et les dames religieuses du couvent de Boulauc.

Cette contestation qui commence en 1788 n'est pas encore terminée en 1790. Il résulte des pièces du procès qu'avant de dire droit au fond, le sénéchal de Toulouse rendit une ordonnance portant qu'il y aurait un essai de conciliation en aveu et reconnaissance d'un titre devant le juge royal du siège le plus rapproché du domicile du défendeur. Or, c'était le sieur de Griffollet qui avait souscrit le titre, et, comme il habitait Cologne, ce fut à Mauvezin, siége royal de la vicomté du Fezensaguet, que les premiers actes judiciaires eurent lieu. On revint par requête devant le sénéchal de Tou-

louse qui rendit un jugement. Mais les parties ne s'ar-
rêtèrent pas à ce premier degré de juridiction.

Il y eut appel devant le parlement. Cela résulte d'un
exploit d'appointement relevé sur les registres du greffe
de la chambre des vacations, à la date du 8 juillet
1790, par lequel l'instance est admise « pour juger s'il
» a été bien ou mal appelé (1).»

L'objet du procès était des immeubles en nature de
prairies vendues et rétrocédées. Il y est question « de
» la faculté du retrait féodal exercée par le sieur de
» Griffollet qui n'était qu'engagiste, » et la discussion
porta principalement sur le point de savoir « de quelle
» source provenait ce bien.» On était d'accord sur
ceci : « que c'était d'une *directe*, » mais il fallait décider
avant tout à qui appartenait *cette directe*. On appelait
directe « la *seigneurie* de laquelle relevait immédiatement
» un *fief* ou un héritage possédé en roture (2). » Or,
c'était là les prétentions contradictoires du sieur de
Griffollet et des religieuses de Boulauc. On n'a pu découvrir en faveur de qui l'arrêt fut rendu.

On y voit figurer les noms de divers personnages et
hommes d'affaires. Ce sont : Tener-Castillon qui occupe
le siége de juge à Mauvezin, avec Saint-Antonin son
greffier; — Joseph-Basile Puységur, administrateur des
domaines du roi;—Saury, procureur du notaire Carrau;
— Resplandy, procureur du sieur de Griffollet;—Fourès, procureur du syndic des dames religieuses de Boulauc de l'ordre de Fontevrault. Elles ont encore devant

(1) Documents trouvés dans les archives municipales d'Aurimont.
(2) FERRIÈRES, *Dict. de Droit ancien.*

le parlement Mᵉ Figuères pour conseil et procureur ou mandataire (1).

POUVOIR ADMINISTRATIF.

Toujours au même titre de seigneuresses, et tenant leur qualité des mêmes documents que nous avons déjà produits, c'est-à-dire de l'acte de donation de 1192 pour Boulauc et de la cession de 1145 pour Préchac, les dames religieuses nommaient directement les magistrats municipaux. Ils conservaient et exerçaient la charge consulaire pendant le cours d'une année. Seulement, les communautés avaient le droit de présentation.

En conséquence, elles dressaient et envoyaient à la supérieure du couvent une liste de quatre notables sur laquelle celle-ci avait le droit d'en choisir deux pour chacune des localités de Préchac et de Boulauc.

La supérieure procédait ensuite solennellement à leur installation en recevant le serment d'investiture dont la formule était « de bien et dûment exercer les devoirs » de leur charge, de veiller aux intérêts du Roi, à l'or- » dre public, et de faire régner la police (2). »

POUVOIR RELIGIEUX.

Les dames du monastère *jouissaient de la premice;* c'était un droit qu'elles possédaient en vertu des titres

---

(1) Archives d'Aurimont. — Extrait des registres du parlement de Toulouse.
(2) Archives manuscr. du couvent de Boulauc.

qui leur avaient été conférés par la transmission des terres et des priviléges féodaux qui en faisaient partie.

Elles exerçaient ce droit non-seulement à Boulauc, mais encore à Préchac et à Laurac.

On appelait *premice* (1) le droit de « nommer direc-
» tement un ecclésiastique pour desservir la cure de la
» paroisse. » Cette sorte de patronage avait ceci de profitable au monastère, à savoir : que la charge curiale rentrait ainsi dans les règles de l'ordre sous le régime duquel le monastère était lui-même soumis .

Par une conséquence naturelle, la cure devenait *régulière*, c'est-à-dire qu'à la mort du dernier titulaire les revenus de cette charge étaient réunis à la *mense conventuelle* de la communauté. On entendait par *mense conventuelle* « cette attribution particulière d'objets de
» première nécessité présumés nécessaires à chaque
» religieux pour les besoins de sa table et de son en-
» tretien (2). »

Or, les religieux qui habitaient le monastère de Boulauc depuis sa fondation avaient seuls profité de cette *mense conventuelle*. Mais à leur suppression, qui arriva vers le xve siècle, ce bénéfice tourna au profit des religieuses et augmenta leurs ressources (3).

Les religieuses n'éprouvèrent aucune difficulté lorsqu'elles voulurent réunir à leurs revenus les produits de la *mense conventuelle* provenant de la suppression des moines cloîtrés au monastère de Boulauc; mais il

---

(1) *De primitiæ*, sous-entendu *fruges.*—BOUILLET, *Dict. des Sciences.*
(2) BOUILLET et CHÉRUEL, *Dict. hist* , voir Mense.
(3) Dom BRUGÈLES, *Chron. dioc. d'Auch.*

n'en fut pas de même quand elles annoncèrent la prétention de profiter encore de la *mense curiale* après le
décès du desservant titulaire. Ce bénéfice leur fut sérieusement contesté. Elles argumentèrent alors des
termes de la cession de 1192 consentie en leur faveur
par le seigneur de St-Germier, Argobald, et dans laquelle il était écrit « qu'il leur *donnait* le château et
l'*église.* » Or, comme le service · paroissial se faisait
dans cette église qui, elle-même, était une dépendance
du château, elles en concluaient : « qu'ayant le bâti-
» ment elles avaient droit aux revenus qui en dépen-
» daient. » A ce raisonnement elles en ajoutaient un
autre, et soutenaient : que si on leur contestait la
propriété de l'église, comme représentant le seigneur
qui la leur avait donnée avec le château, on ne pouvait
méconnaître qu'elles 'en fussent propriétaires à un autre
titre, puisque cette église était bâtie « dans l'enclos du
» monastère. » C'était sans réplique; on pouvait voir encore naguère les vestiges de l'ancienne église qui sont
réellement dans le périmètre de l'enclos du couvent.

Leurs prétentions furent admises, et il intervint une
décision qui leur donna gain de cause (1).

Les religieuses avaient la *premice* ou droit de nomination à la cure de *Préchac, annexe de Boulauc.* On
lit dans un acte public, à la date du 26 juin 1771,
que dom Jacques-Mathurin Léchat, curé de Boulauc,
prend aussi le titre de curé de *Préchac* (2).

(1) Archives du couvent de Boulauc.
(2) Etude de M⁰ Alem, notaire à Castelnau-Barbarens, minutes du
notaire Carrau.

Cependant, cette cure devint vacante peu de temps après, puisque, le 21 septembre 1772, « les consuls » de Préchac, Bertrand Segrestan, Alexis Darris et » Bernard Campistron, en leur qualité de co-patrons de » l'obit ou chapellenie d'une messe matinale fondée » dans l'église dudit Préchac, demeurant la *vacance* de » ladite chapellenie, *font titre*, authentiquement, dudit » obit ou susdite chapellenie desservable en faveur du » sieur *Philippe Lasserre*, vicaire d'Aurimont, pour » en jouir ainsi que des fruits et revenus en dépen- » dant (1).

Cette transmission du titre au vicaire d'Aurimont confirme la possession qu'en avaient un an avant les dames de Boulauc lorsqu'elles portèrent directement leur plainte devant la magistrature de Toulouse à l'occasion du vol des vases sacrés. Peut-être était-ce à cause de ce sacrilége qu'elles abandonnèrent leurs droits sur cette église ou que leur confesseur et curé Léchat ne voulut plus y aller célébrer les offices divins.

« Enfin, Madame la prieure et les religieuses du cou- » vent de Boulauc, *seigneuresses de Laurac*,» comme s'exprime l'ancien cadastre de l'année seize cents, avaient encore le droit de *nommer à la cure de l'église de Laurac;* mais à la charge de subvenir aux frais du culte et de veiller à l'entretien du bâtiment. Elles firent, en 1779, acte de maître en le démolissant et en le faisant reconstruire, à leurs frais, dans le nouvel emplacement qu'il occupe aujourd'hui. La paroisse de Laurac leur payait des

(1) Etude de Mᵉ Alem, notaire à Castelnau-Barbarens, minutes du notaire Carrau.

dîmes et redevances dont elle s'affranchit en leur vendant un champ d'un hectare 31 ares, appelé l'*Ancien Foirail du Padouent*. Elles ne le gardèrent pas longtemps et le revendirent à noble Vailly de Busquet, ainsi qu'une maison servant de presbytère et un jardin, moyennant une rente annuelle de deux cent cinquante livres qu'elles consacrèrent religieusement à l'entretien du culte. C'était vers le milieu du xviiie siècle (1).

PROCÈS ET TRANSACTIONS

ENTRE LA COMMUNE ET LA COMMUNAUTÉ.

Le monastère de Boulauc n'était pas seulement pour les habitants du lieu un magnifique établissement religieux qui flattait leur amour-propre; ils y trouvaient des ressources pécuniaires dans les moments de gêne. Plusieurs fois, la commune recourut à des emprunts que le couvent s'empressa de lui faciliter en lui prêtant de l'argent. Ainsi, suivant divers actes publics retenus par le notaire Lozes, les six mars et vingt août 1653, et vingt-cinq mars 1658, le monastère prêta aux consuls, à la communauté, ainsi qu'à plusieurs habitants du territoire, une somme d'environ mille livres.

Il paraît que les débiteurs furent souvent en retard pour le paiement des intérêts, et même qu'ils soulevèrent quelques difficultés lorsque le couvent leur demanda le remboursement du capital, puisqu'un procès eut lieu

(1) Note inédite, et étude de Me Lagelle, notaire du clergé.

et qu'il fut jugé en faveur des dames religieuses « par
» les officiers de l'eslection de Rivière-Verdun.» En effet,
suivant une sentence du huit octobre 1695, les consuls et
la communauté furent condamnés à rembourser au couvent la somme de «trois cents livres en principal et pareille
» somme pour les intérêts. Les particuliers habitant la
» plus grande et saine partie de la communauté» furent,
de leur côté, «condamnés au paiement de neuf cents li-
» vres de principal et d'intérêts.»

Il y eut des actes d'exécution, et les gens de Boulauc
s'en émurent. Ils se réunirent plusieurs fois en assemblée générale pour en conférer, et proposèrent une transaction, disant aux religieuses : « que la continuation
» des poursuites ne saurait produire autre chose que la
» ruine des habitants, l'inculture et la désertion du ter-
» roir; que, pour éviter de plus grands frais et désor-
» dres, et pouvoir vivre en paix et union, ils étaient
» disposés à reconnaître de concordables droits.»

Les dames religieuses entrèrent en pourparlers, adhé-
rèrent à une composition amiable et consentirent à ré-
duire leur créance à la somme de *quatorze cents livres,*
remboursables par annuités, sans intérêts.

En conséquence, il y eut une transaction, suivant
acte retenu le onzième de mars de l'année 1696, par
Me Loubon, notaire à Gaujac, *controllée* à Lombez, le
dix-neuf mars suivant, et dans laquelle figuraient, d'une
part : dame Jacquette de Saint-Martin, prieure principale, assistée de quatorze religieuses *professes,* ayant
pour conseil le révérend Père Nicolas de Loynes, reli-
gièux profès, leur confesseur, leur syndic et curé de

Boulauc, ainsi que Louis Daroles, leur procureur d'affaires. La municipalité était représentée par Pierre Cizos et Jean Malhomme, consuls *modernes*, assistés de Bertrand Carde, archer, Jacques Magnoac, notaire, Jean Saint-German, chirurgien, Mathieu Dumont, ci-devant arpenteur, et Pierre Saint-Laurens, procureur juridictionnel. L'acte fut passé au monastère, *dans les grands parloirs d'en bas,* et cela était nécessaire, car il y avait, présents au contrat, soixante-dix habitants de Boulauc, parties intéressées, et dont un tiers se composait de femmes, veuves ou mères d'absents (1).

La transaction portait donc sur un chiffre déterminé d'après la réduction de la créance consentie par les dames religieuses. C'était quatorze cents livres payables en annuités partielles dont la dernière expirerait dans huit années.

Mais, pour garantie de l'exécution des obligations prises par la communauté, on stipula que le paiement de cette somme serait effectué par les tenanciers d'un quartier du territoire appelé *La Pousaque,* de la contenance de *cent casals* environ, et qu'il serait réparti entre eux de manière à ce que chaque casal supportât une cotisation de quinze livres.

Cette charge imposée exceptionnellement aux propriétaires du quartier de la Pousaque s'explique par un partage fait en 1688 entre plusieurs habitants qui possédaient ces terres en commun, et qui les divisèrent « pour mettre fin à des querelles incessantes entr'eux »

(1) Archives du couvent et étude de Mᵉ Dillhan, notaire à Lombez. — Minutes de Mᵉ Loubon, notaire à Gaujac.

au prorota de leurs droits « comme grands, médiocres et petits taillables. » En sorte que l'état de répartement qui en fut dressé par l'arpenteur Dumont, et signé de la jurade, était *exécutoriable* contre chacun des tenanciers qui y figuraient. C'est ce titre seul qui fut remis aux syndics des dames religieuses pour le recouvrement de la créance reconnue et établie par l'acte du 11 mars 1696, lequel, « pour plus grande validité, fut enregis- » tré au bureau et cour de la maîtrise des eaux et » forêts. »

Il y eut un moment de calme, et l'entente fut réta- blie entre la commune et le couvent; mais cinquante ans plus tard la guerre recommença.

Nous avons vu que les religieuses avaient concédé des terres, à titre emphythéotique, à certains habitants de Boulauc, moyennant une redevance en nature, no- tamment d'un *poulet*.

Elles furent obligées d'en venir à des actes d'exécu- tion et d'intenter une action judiciaire; mais la procé- dure fut mal dirigée. Les exploits de citation et assigna tion atteignaient tous les habitants du territoire par cette rédaction de l'acte introductif d'instance « que la redevance était exigée, *à titre universel* et de tous les habitants, « par *feu allumant*. »

La cause fut portée à l'audience du sénéchal de Tou- louse.

De son côté, la communauté de Boulauc se réunit en assemblée générale pour délibérer et prendre un parti. Les magistrats municipaux firent ressortir que ce n'était pas le cas d'abandonner à leurs propres forces les débiteurs directs de la rente. En conséquence, et sous la présidence du consul Ingrès, il fut résolu, le 3 novembre 1750 :

« Que la municipalité demandait à intervenir dans
» l'instance comme partie au procès et pour en subir
» les conséquences. »

On fit plus : on insinua adroitement dans la délibération « que pour subvenir aux frais du procès, la com-
» munauté demandait à être autorisée *à imposer*, sur
» le pied de la taille, une somme de deux cents livres
» sur tous les *tenanciers* et taillables du territoire de
» Boulauc.»

C'était un piége tendu à la bonne foi de l'administration supérieure qui s'y laissa prendre en donnant une autorisation qui rendait exécutoire la délibération municipale.

D'après les bases posées dans cette délibération, les dames religieuses étaient personnellement frappées d'une cotisation individuelle de *seize livres onze sols six deniers*.

Au moyen de cette tactique un peu fallacieuse et par cette voie détournée, les religieuses, en fournissant une partie de l'argent qui devait servir au procès, « don-
» naient des armes à leurs adversaires, » comme elles le disaient elles-mêmes très à propos dans leur défense.

Cependant, la requête du consul fut présentée à l'intendant d'Etigny qui, « par une ordonnance du 19 jan-
» vier 1751, approuva et autorisa cette délibération.»

Les religieuses comprirent la portée insidieuse d'un acte de cette nature, et elles se pourvurent, à leur tour,

8

devant l'intendant pour demander la réformation de l'ordonnance qu'il venait de rendre. Elles lui exposèrent
« qu'avant d'en venir à l'audience, une question préa-
» lable avait été portée devant le sénéchal de Toulouse
» et soumise à un arbitrage suivi d'une transaction;
» qu'elles avaient succombé, il est vrai, sur un point
» de leurs prétentions qui était : *de demander la rede-*
» *vance à titre universel sur tous les habitants* de Bou-
» lauc, tandis qu'on ne la leur avait accordée que sur
» *cette partie des habitants* qui avaient reconnu la
» dette; qu'elles prenaient dès lors condamnation sur
» ce chef, en ne considérant comme débiteurs que les
» particuliers assignés.» Mais elles ajoutaient que ce
n'était pas le cas de permettre « l'intervention d'une
» communauté qui n'avait rien à voir ni à défendre dans
» cette affaire;» enfin, elles firent ressortir avec beaucoup d'adresse l'illégalité d'une cotisation forcée pour
elles; qu'il y aurait quelque chose de contradic-
toire dans une décision pareille, « car, en cas de suc-
» combance, *elles payeraient deux fois.*»

C'était logique; en effet, si elles *gagnaient* leur procès, elles perdaient les frais qui l'avaient soutenu et
pour lequel elles s'étaient cotisées conjointement avec
leurs adversaires; si elles le *perdaient,* c'était double
frais, puisqu'elles ne pouvaient répéter contre leurs
adversaires triomphants la partie de leur cotisation pour
laquelle on les avait imposées.

L'Intendant d'Etigny remit, le 19 septembre 1751, la
requête des dames religieuses, *seigneuresses de Boulauc,*
au subdélégué Jean Daignan, pour la communiquer

aux consuls de Boulauc; il devait rendre compte de leur réponse et donner son avis. Celui-ci fit cette communication un an après, le 20 septembre 1752.

Les magistrats municipaux avaient eu le temps de préparer leurs moyens de défense, et, il faut en convenir, sous les formes les plus cauteleuses, ils prirent une attitude équivoque et imaginèrent un système plein de subtilités. C'était le consul Aurignac qui le présenta à l'intendance quelques jours après la communication, c'est-à-dire le neuf octobre suivant.

Dans ce libelle, la communauté posait en thèse générale « que les biens *nobles* des dames n'avaient pas » plus de prérogatives que les *biens* des *simples parti-* » *culiers,* » puisqu'en examinant leur origine on arrivait à cette conclusion, à savoir : que ces biens des religieuses, obtenus par elles, en vertu de leur titre seigneurial, au moyen d'obits, d'acquisitions ou du droit de préférence, reprenaient le caractère qu'ils avaient du temps de leurs premiers possesseurs, et redevenaient *roturiers,* par conséquent imposables comme les autres; qu'en demandant un poulet par feu allumant, les religieuses s'adressaient à toute la communauté; qu'elles l'avaient sérieusement alarmée en faisant publier leurs prétentions « avec menaces d'assignations et de grands » procès; surtout en envoyant de porte en porte un Baïle » dévoué à leurs intérêts et *jetant feu et flamme;* » qu'une pareille démonstration était de nature à exercer une pression préjudiciable « sur de pauvres gens saisis » d'effroi et n'entendant finesse dans les affaires. Enfin, » qu'ils étaient désolés d'encourir les disgrâces de leurs

» seigneuresses en étant obligés de soutenir un procès
» entrepris à contre cœur; » après avoir humblement
courbé la tête, ils la relèvent audacieusement en ajoutant : « qu'après un moment d'émoi, revenus à eux et
» confus de leur lâcheté, ils rappellent la prestesse,
» la force et le zèle dont ils ont fait preuve quelque
» temps avant dans leurs litiges avec la communauté
» religieuse (1). »

C'était prendre plusieurs tons à la fois; mais les religieuses les suivirent sur ce terrain en persistant dans
les termes de leur requête.

Il y avait donc complication et sur l'objet de la demande au principal, et sur la question des frais qui
arrivait accessoirement devant deux juridictions différentes.

Enfin, la concorde se rétablit de nouveau. Le sénéchal s'était prononcé sur un point. La rente n'était pas
due *à titre universel* de tous les habitants de Boulauc,
mais par quelques-uns seulement. De nouvelles demar-
ches furent faites des deux côtés; on essaya d'un rap-
prochement des parties pour en venir à de nouveaux
moyens d'accommodement, et il intervint une transaction « sur une sentence arbitrale rendue par des per-
» sonnes de considération (2). »

Quant à la requête des religieuses devant la généralité d'Auch demandant à être déchargées de la cotisation qui leur avait été arbitrairement imposée, elle fut
favorablement accueillie par l'intendant d'Etigny qui

(1) Archives du couvent et de l'archevêché d'Auch.
(2) Archives du couvent, et étude de M⁰ Dilhan, notaire à Lombez.

révoqua son ordonnance d'autorisation par une nouvelle à la date du 16 juillet 1753 (1).

REVUE RÉTROSPECTIVE,

BILAN ET INVENTAIRE.

Au moment où nous approchons de cette époque funèbre de 1790, où, faisant place à un monde nouveau, l'ancienne société s'écroule avec fracas entraînant dans sa chute l'échaffaudage féodal avec les établissements religieux, jetons un coup d'œil en arrière, et résumons ensuite la situation présente du couvent de Boulauc sous le rapport moral et matériel.

Nous avons parlé du site; décrivons maintenant le monument lui-même avec son église tels qu'ils existent encore aujourd'hui.

BATIMENTS.

Les constructions du monastère ne furent pas élevées d'un seul jet, tout d'une pièce, coup sur coup. Les bâtiments s'élevèrent, s'agrandirent, se complétèrent progressivement selon que les libéralités individuelles y affluèrent, et à mesure que ses ressources augmentèrent. C'est ce que révèlent les divers styles d'architecture que présentent les différentes parties du bâtiment, depuis l'ogive du XIIIe ou XIVe siècle jusqu'aux décorations modernes.

(1) Archives du couvent, et archives de l'archevêché d'Auch, signées Lunet, n° 13.

Une description sommaire de l'extérieur et de la distribution des locaux, ainsi qu'une étude de l'intérieur de l'église qui y est adossée, deviennent nécessaires pour justifier l'aspect majestueux que présente de loin ce *vaste* établissement religieux.

Vaste, il est vrai, car son ensemble, église, avec cloître, cours et jardins, couvre et occupe une superficie de deux hectares dix-huit ares vingt centiares.

Le bâtiment principal renferme trois corps de maçonnerie réguliers et d'une construction simple et solide tout à la fois, sans manquer d'une certaine élégance.

Dans la partie du levant, qui n'a qu'un seul étage, se trouve le *grand dortoir* avec un double rang de cellules symétriquement rangées sur une longueur de quarante-cinq mètres. Il est traversé, du nord au midi, par un large corridor en croix, éclairé par trois hautes fenêtres à balcon ouvrant sur le jardin, où s'élèvent deux pavillons destinés aux *cuisines,* aux *salles capitulaires* et à l'*infirmerie.*

La partie du couchant est réservée au *pensionnat,* ainsi qu'au *dortoir* des religieuses. On y entre par une grande porte, qui est la principale de la maison.

PRIEURÉ.

Le *prieuré* y est contigu : il est approprié au logement de l'aumônier. Les appartements en ont été distribués d'une manière convenable pour y recevoir de hauts

personnages, car, à diverses époques, des archevêques
d'Auch sont venus s'y reposer de leurs fatigues dans
leurs tournées pastorales. On y conserve encore le souvenir du passage de Mgr de Montillet, dès son arrivée
dans le diocèse d'Auch, en 1742. Il y laissa des marques
de ses bienfaits, puisqu'on y désirait son retour. « O
utinam ad longos annos, » disait la chronique (1). Un
fragment de poésie populaire témoigne de cette impression heureuse :

> . . . . Non loin de la Gimone
> S'élève un beau couvent que Montillet patronne.. . . (2)

PARLOIRS.

Après le prieuré sont les *parloirs*. On y a disposé
une pièce servant de réfectoire, où les visiteurs reçoi-
vent une gracieuse hospitalité ; quelques rafraîchisse-
ments, des fruits, et surtout ces excellents biscuits,
dont le couvent conserve seul la recette, et qui sont
un mélange d'œufs et de fleur de farine, parfumés
d'essences et saupoudrés de nompareille.

Le *deuxième corps* de maçonnerie, d'une étendue
de soixante mètres, est parallèle au grand dortoir. On
y communique par un long corridor qui part de l'église
et donne issue sur l'ancien cloître. Trois grandes portes
s'ouvrent en face sur la principale cour intérieure.

La *troisième partie* du bâtiment consiste en un corps
de logis irrégulier, divisé en plusieurs pièces construi-

(1) Brugèles, *Chron. eccl. diocés.*, partie 1re, p. 176.
2) Poésie, tradit. locale.

tes pour l'exploitation rurale, ce sont les greniers, les granges, les écuries, les décharges.

OPTIQUE.

Un bel escalier en pierre, orné d'une rampe en fer battu, conduit aux divers étages supérieurs jusqu'au faîte de l'église, où règne une longue galerie éclairée par des fenêtres à arceaux continus. De là, l'on aperçoit la campagne avec son horizon lointain, et de tous côtés un point de vue magnifique, d'où, probablement, est venu le nom d'*optique* donné à cette galerie.

JARDINS.

Au levant sont les jardins, le verger, le potager, dans une excellente exposition. Un mur solide et élevé les protége, ainsi que les cours, de manière à en faire une clôture continue et infranchissable.

PÉRIMÈTRE.

Enfin, tout cet ensemble, d'une superficie de plus de deux hectares, se subdivise en quarante-quatre ares quatre-vingt-dix centiares de *terrains bâtis*; plus quatre ares cinquante centiares de développement de l'église, le reste formant la surface de tout l'enclos, y compris les cours et le jardin du prieuré.

ÉGLISE.

L'Eglise est placée dans la direction de l'ouest à l'est où se trouve son chevet. Sa longueur totale est de quarante mètres. Les dimensions de la nef à l'extérieur sont de neuf mètres de largeur, sur une longueur de dix-sept mètres sans y comprendre le sanctuaire qui en mesure six en largeur. Six fenêtres à sculptures d'un style ogival éclairent cette partie du bâtiment. La voûte est en brique et d'une belle élévation. Des arcades s'y élèvent obliquement et viennent se rattacher à trois pierres quadrangulaires formant clé de voûte et sur lesquelles sont sculptées des armoiries.

Sur le premier médaillon, on voit les armes de la maison d'Astarac, écartelées au premier et quatrième d'or, au deuxième et troisième de gueules (1).

Les deux autres médaillons paraissent bien contenir aussi des armoiries; mais elles sont indéchiffrables.

CHŒUR.

Le chœur termine la nef, et s'étend, au couchant, dans une longueur de quinze mètres. Il renferme un double rang de stalles au nombre de quarante-deux y compris celle de l'abbesse-supérieure. Celle-ci est plus

---

(1) Dom BRUGÈLES, chron. diocés. d'Auch, partie 3, p. 536. — Le père ANSELME;— de COURCELLES;— LACHESNAYE;— MONLEZUN, Hist. de Gascogne, t. 5, p. 633.

élevée et mieux ornementée que les autres. Elles sont toutes en bois de chêne scuplté avec statuettes et reliefs représentant des sujets bibliques et des figures de prélats. Quelques ornementations bizarres accusent le style de l'époque, l'ogival pur, comme celui des fenêtres qui éclairent le chœur.

Le mur qui sépare, à mi-hauteur, le chœur de la nef est de construction moderne, en plein-cintre, ainsi que la nouvelle porte d'entrée.

L'ancienne porte, au contraire, aujourd'hui en partie défigurée, laisse apercevoir des traces de niches, de colonnettes et de sculptures en style gothique du xiiie siècle, époque voisine de la fondation du monastère et de la construction de l'église.

CLOCHER.

Le clocher, d'une architecture simple, s'élève à l'ouest. Il contenait autrefois quatre cloches; il n'en a plus que deux depuis la fin du xviiie siècle.

INTÉRIEUR.

Le maître-autel de la chapelle principale dans le sanctuaire et contre le chevet de l'édifice est en beau marbre d'Italie, orné d'un riche médaillon en stalactite sculpté, dans le style Louis XV.

La nef est entièrement carrelée en pierre à deux couleurs; le sanctuaire l'est aussi, mais en pierres dont le grain est plus fin et les nuances mieux tranchées.

Les murs sont revêtus d'une boiserie relevée avec des marbrures et des dorures peintes d'un travail médiocre et sans aucun caractère antique.

Sur l'avant-chœur règne une large galerie faisant saillie sur la nef, et surmontée d'une belle grille en fer battu ayant appartenu autrefois au monastère de Longages. A travers les dessins gracieusement contournés de ses branches rayonnantes, on aperçoit des écussons, le chrisme et des monogrammes religieux.

Sur l'appendice qui surmonte la chaire, on voit un petit cadre en bois d'une forme quadrangulaire-oblongue. On y a peint un sujet emblématique. C'est une *crosse,* avec *deux anges* agenouillés portant des *palmes;* au-dessous sont *trois fleurs de lys barrées.* Ordinairement la *crosse* figurait le rang élevé de la supérieure; elle se trouvait dans les armoiries de la supérieure du couvent de Grandselves, où elle prenait le titre d'abbesse (1). Dans ce médaillon, il y a une autre particularité remarquable, ce sont les trois *fleurs de lys barrées,* de droite à gauche, qui indiqueraient le passage ou l'influence de quelque personnage de sang royal au couvent.

Aucune supérieure de ce rang n'ayant existé à Boulauc, nous pourrions expliquer ces deux emblèmes par cette circonstance historique de quelque princesse de sang royal, qui aurait été abbesse à Fontevrault, et qui, par cette suprématie de rang, dominait la première

---

(1) *Monographie de l'abbaye de Grandselves,* par M. JOUGLAR, 1857.

prieure ou supérieure du couvent de Boulauc, à laquelle
même elle commandait, comme nous en avons vu la
preuve dans les circulaires adressées de Fontevrault à
Boulauc. En effet, il y a eu à Fontevrault, élevées au
rang d'abbesses, plusieurs princesses royales; car on
pouvait remarquer des armoiries, les unes portant une
couronne royale au-dessus de fleurs de lys et d'une crosse; d'autres n'ayant que des fleurs de lys et une crosse,
comme à Boulauc. On peut citer notamment dame Jean-
ne-Baptiste de Bourbon, fille de France, abbesse et
générale de Fontevrault, qui fit imprimer, en 1642, la
règle de l'ordre, laquelle fut approuvée par le pape
Sixte IV. Il serait assez naturel de penser que cette
abbesse eût voulu faire graver ses armoiries à Boulauc,
soit en commémoration de l'envoi de la règle récemment imprimée, soit pour marquer le rang de celle qui
dirigeait alors la maison-mère ; enfin, ce médaillon aurait pu être placé sur la chaire du monastère de Boulauc à l'occasion de l'avènement à Fontevrault de quelque autre princesse de sang royal.

Parmi les objets précieux que renfermait l'église, il
y avait autrefois un beau reliquaire en argent, contenant des reliques de Saint-Menne, martyrisé en Egypte
au IIIe siècle (1), ainsi qu'une belle croix processionale
de même métal, avec des figures ciselées en ronde-
bosse, et citée avec celle de Saint-Pierre de Molas
comme les plus belles qu'il y eût dans le diocèse
d'Auch (2).

(1) Dom BRUGÈLES, Chron. diocés., partie 3, p. 393
(2) Ibid., partie 3, p. 504.

Enfin, deux sceaux, destinés à sceller les actes et la correspondance, se trouvent encore au monastère. Le principal et le plus grand a été figuré en tête de cette Monographie. Sa forme ovale, l'image de la Sainte-Vierge, ses ornements, enfin son inscription et le caractère des lettres, tout est significatif et caractéristique.

Ce *sceau* fut trouvé, il y a quelques années, dans le jardin du monastère, où il avait été perdu ou enfoui jadis. C'est au moyen de ce sceau qu'on donnait aux actes importants leur dernier caractère d'authenticité. C'était, autrefois, un objet précieux dans les communautés religieuses ; et il n'est peut-être pas inutile de faire remarquer la *forme* particulière de celui de Boulauc, parce que cette forme ovale, qui est celle du *poisson*, rappelle un motif *symbolique*.

Le savant dom J.-B. Pitra l'a retrouvé, comme une des formules *mélitoniennes*, dans les pierres précieuses, dans les *sceaux*, dans les amulettes, et comme ayant appartenu essentiellement à l'allégorie religieuse des premiers siècles de l'Eglise chrétienne. C'est du mot latin *piscis* qu'est dérivé le mot français *piscine*, contenant les eaux baptismales. Saint-Orens d'Auch avait placé ce mot de *piscis* dans un de ses distiques, de même que Tertullien l'avait employé avant lui dans sa dissertation sur le Baptême(1). « Ce privilége si étrange, » au premier abord, dit M. le vicaire général Canéto, » d'être inscrit dans la nomenclature symbolique des

_____

(1) TERTULL., de Bapt., no I A.

» noms divins, venait au *poisson* de ce que le mot seul,
» *icthus*, qui le désigne en grec, renferme les initiales
» des principales dénominations qui conviennent au
» Messie (1). »

Examinant plus attentivement le sceau du monastère
de Boulauc, nous y remarquons un épisode *de la sainte
Vierge,* la naissance du Christ, l'adoration d'un Roi-
Mage et l'étoile biblique. Or, l'ordre de Fontevrault
était placé sous le patronage de la Mère du Sauveur.
L'inscription circulaire porte *Christus nascitur*; Christus par abréviation par les lettres I H S. X R. S.

Les caractères et ornements du cachet, au lieu d'offrir des parties saillantes *en relief,* pour donner plus de
prise à la cire, se produisent au contraire en creux et
presque dans un double compartiment, de telle sorte
que c'est un œuvre d'adresse que d'en prendre des em-
preintes. Cela fut fait avec intention; car, vers la fin du
XIIIᵉ siècle, on imagina, pour rendre plus difficile la falsi-
fication des sceaux des monastères, de placer les ornements et les personnages dans des niches protégées par
des trèfles et des colonnettes de manière à produire des
vides. Il fallait alors deux couches de cire habilement
superposées et chauffées à point pour produire exacte-
ment un relief complet. Nous avons retrouvé les mêmes
particularités dans le *fac simile* d'un sceau de l'antique
abbaye de Boxgrave dont la fondation remontait au règne de Henri Iᵉʳ et qui est considéré comme un monument artistique du XIIIᵉ siècle en Angleterre.

(1) *Description du tombeau de saint Léothade*, 1857, p. 25 et 36.

Il y a encore au couvent de Boulauc un petit sceau moderne pour la correspondance ordinaire, et qui devait servir à cacheter les dépêches de madame de Latour; car il porte ses *armes* et son *nom*. On voit, en effet, dans un ovale, qui en forme le fonds, *une tour crénelée*, et dans l'inscription circulaire, on lit ses mots « *S. Sigillum de Lator.* »

BIENS RURAUX.

Indépendamment des immeubles bâtis dans les conditions de solidité et d'élégance qui viennent d'être décrits, avec les avantages de salubrité intérieure et les agréments du dehors, bâtiments qui couvraient à peu près une superficie de 50 ares et qui furent évalués en 1791 à 43,000 fr., sur un revenu annuel estimé 2,002 fr., il y avait des immeubles ruraux dont il reste à faire approximativement une appréciation par les revenus qu'ils donnaient.

C'étaient :

1° Le moulin à eau de la Gimone et le moulin à vent de Saint-Menne ou Saint-Bent (par corruption), affermés le 23 septembre 1766 et le 19 février 1771 pour une rente annuelle de 110 sacs de blé (1).

Ces beaux à ferme se faisaient sur adjudication au plus offrant des enchérisseurs après affiches consécutives placardées chaque dimanche dans les églises des paroisses voisines (2).

(1) Etude de Me ALEM, notaire à Castelnau-Barbarens : minutes de Me CARRAU.
(2) Id.

2° Le moulin sur la Garonne situé à Goulens qui, avec les droits seigneuriaux, fiefs, dîmes, rentes, lods et ventes à Goulens et à Fals, sont affermés, le 22 mai 1772, au sieur Jean-Marie d'Epis, conseiller du roi, capitaine, juge-gruyer en la gruerie royale de la ville de Fleurance, pour la somme de . . . . . 4,500 fr.

Il y avait pour témoins de l'acte, M. Mazères, greffier en chef de la gruerie de Fleurance, et M. Pierre-Barthélemy-Régis Cassassoles, docteur en médecine de la Faculté de Montpellier, habitant de Saramon (1).

3° La métairie de la *Jurie*, baillée à moitié fruits, le 19 février 1771, avec un prélèvement en faveur des religieuses d'une somme de 80 livres.

4° Les métairies de la *Mason* et du *Prieur*, affermées dans les mêmes conditions de partage égal des fruits avec prélèvement de 60 livres.

5° La métairie de *Saint-Menne*, baillée en 1771, à moitié fruits, avec prélèvement de 80 livres.

6° La métairie de la *Plapère*, baillée aussi à moitié fruits, en 1771, avec prélèvements.

7° Le domaine de *Sauveterre*, baillé en fermage, ainsi que les fruits décimaux, rentes et droits seigneuriaux, les 22 février et 21 avril 1774, pour 86 hect. blé et 350 livres.

8° Les rentes, dîmes et fiefs de *Laurac*, affermés, le 26 avril 1774, pour 1,400 livres.

9° Les dîmes, fiefs, rentes et droits seigneuriaux, ainsi que la métairie de la *Bourdette de la Gleize*, dans le territoire de *Préchac*, affermés, les 24 mai 1774 et

(1) Id.

15 juin 1775, pour 2,040 livres, 32 sacs blé des rentes en nature, et 60 l. pour pot de vin (1).

10° Puis, les rentes du *bois des dames*, des *Péchédés*, du domaine du *Morned*, d'*Aurimont* et autres lieux dont le produit n'est pas connu.

La contenance des immeubles ruraux, situés à Boulauc seulement, occupait une superficie de 159 arpents ou 230 hectares environ.

En 1673, le produit de leurs revenus, à Boulauc seulement, en y ajoutant les dîmes, s'élevait en blé à 256 sacs; c'est ce qui est constaté par un livre de régie.

Aux produits en argent et en grains, stipulés dans les baux des autres biens, s'ajoutaient des rentes en nature, volailles, œufs, denrées coloniales, étoffes, etc., etc., d'une valeur fort considérable.

En résumé, on doit évaluer à 16,000 livres la totalité des revenus dont jouissait le monastère de Boulauc avant la révolution de 1789. C'est ce qui est constaté par des livres de compte, et c'est à ce chiffre que les élevait aussi une religieuse récemment décédée, dame Laïrle, et qui était au couvent antérieurement à cette époque.

On peut se faire une idée de l'état prospère de cette maison en comparant la valeur des revenus d'alors avec celle qu'elle aurait aujourd'hui, et en tenant compte de l'état arriéré de l'agriculture à cette époque et du mouvement progressif qui s'opère de nos jours.

(1) Etude de Me Alem, notaire à Castelnau-Barbarens.

9

PERSONNEL, ÉTAT DE MAISON.

Le nombre des religieuses qui habitaient le couvent de Boulauc pouvait se porter de 14 à 18.

1° Elles y exerçaient diverses charges telles que : prieure principale ou supérieure; prieure cloîtrable, granetière, boursière, dépositaire, portière, cellerière, tourière, etc., etc.

A la suite des noms des religieuses indiqués plus haut, on pourrait ajouter, pour compléter en partie la nomenclature, ceux de : Julienne de Lasségan; — Anne de Barry; — Anne de Gasson; — Anne d'Arné; — Madelaine de Brux; — Anne de Lafforgue; — Marguerite de Pouy; — Jeanne de Marseilhan; — Catherine d'Estansan d'Estarvielle. Nous voyons dans l'histoire de la maison de Montesquiou-Fezensac qu'une des demoiselles de cette maison épousa le seigneur d'*Estarvielle* (1).

Il y avait dans la maison :

2° Un aumônier ou confesseur qui était en même temps leur directeur et leur conseiller dans l'administration de leurs affaires temporelles. On a retenu dans les actes les noms des deux derniers personnages de cette catégorie : c'étaient Dom Jacques-Mathurin Léchat et le révérend père Nicolas de Loynes, religieux profès;

3° Un procureur d'affaires ou syndic pour régir et administrer leurs domaines. On lit dans divers actes les

(1) Généalogie, p. 188.

noms de Louis Daroles; Saint-Martin de Lahaouède, de Castelnau-Barbarens, et François Fontanier, de Boulauc;

4° Parmi les noms de leurs fermiers on trouve:

Jean-Marie d'Epis, conseiller du roi, juge gruyer en la gruerie royale des eaux et forêts de la ville de Fleurance; — Joseph Castaing, négociant à Astaffort; — Gérard Cabiran, de St-Caprais;—François Amade, négociant, de Coignax; Cérasy Caussade, ménager, de Sémézies; — Jean Bouas, charpentier à Sauveterre;— Pierre Lassave, de Sauveterre; — Alexis Darris, bourgeois à Préchac; — Jean Castillon, laboureur à Boulauc; — de Gélos, marchand à Goubas; — Jean-Pierre Dartigues, meunier; — Jean-Marie Loubens, de Boulauc; — Blaise Carde, de Boulauc; — Vital Courties, de Boulauc; — Jacques Roumeguère, de Boulauc; — Jean Aurignac, de Saint-Caprais; — François Danflous, de Sauveterre; — Jean Verdié, négociant à St-Soulan; Jean-Pierre Deluc, de Boulauc.

5° Parmi les noms de leurs mandataires, on remarque d'abord:

Haut et puissant seigneur messire comte de Montesquiou, baron d'Aubiet, seigneur d'Aignan et autres places; et — puis, Dominique Batbie, étudiant en droit à Toulouse;— Dom Jacques-Mathurin Léchat, leur confesseur et curé de Boulauc;—François Fontanier de Boulauc; — Saint-Martin de Lahaouède, de Castelnau-Barbarens, syndic; — le révérend père Nicolas de Loynes, religieux profès, leur confesseur et syndic; — Fourès, procureur-syndic, et Figuères, leur procureur devant le parlement de Toulouse;

6° Leurs notaires habituels étaient :

Loubon, à Gaujac; Lozes, notaire à Saramon, et François Carrau, notaire à Aurimont;

7° Leur médecin était, en 1772, le docteur Pierre-Barthélemy-Régis Cassassoles, décédé en 1785, à Toulouse, membre de l'Académie de médecine.

Elles commandaient à :

4° Un garde forestier pour conserver leurs bois;

5° Un garde-chasse pour protéger leur gibier, et même pour le prendre, puisqu'elles jouissaient des *droits de chasse* et qu'elles devaient, par conséquent, exercer et pratiquer ce droit, comme faisaient les seigneurs dont elles possédaient les priviléges. On comprend, d'ailleurs, qu'avec un nombreux personnel et le train de maison qu'il comportait les provisions de bouche ne pouvaient pas toujours se trouver à la même source. Le gibier devait fournir son contingent dans l'alimentation du monastère, surtout dans une contrée privilégiée sous ce rapport, ce dont nous pouvons nous faire une idée par les ressources qu'il offre encore aujourd'hui, à cause des bois, des retraites, des expositions d'un terrain accidenté.

Elles nommaient :

6° Un Bayle ou juge;

7° Un procureur juridictionnel, qui était Pierre Saint-Laurens, en 1696;

8° Un archer pour faire exécuter les décisions judiciaires, qu'on nommait Bertrand Carde, aussi en 1696;

9° Un greffier pour tenir la plume et rédiger les actes (1).

(1) Etude de Mᵉ Dilhan, notaire à Lombez.—Minutes de Mᵉ Loubon.

DÉCADENCE.

Bientôt, l'orage révolutionnaire soufflant dans toute sa force, l'établissement religieux ne tarda pas à craquer de toutes parts. Les Dames religieuses prirent la fuite et laissèrent les bâtiments vides.

Ils furent aussitôt confisqués, ainsi que les biens ruraux, au nom de l'Etat, en vertu des lois des 13-19 février 1790 et 18 août 1792. Les emblèmes et tout ce qui rappelait leur origine féodale sont en même temps mis en pièces et brutalement détruits.

Les immeubles ruraux, les métairies, furent les premiers vendus comme biens nationaux, devant le district de l'arrondissement d'Auch, dans l'ordre, à l'époque, et pour les prix qui suivent :

30 mai 1791, la métairie de *Saint-Menne* ou *St-Ment* pour	19,000 fr.
1er juin 1791, les *prairies* sur la Gimonne pour	11,000
1er juin 1791, la métairie de la *Mason* pour	11,000
1er juin 1791, les moulins à eau et à vent pour	18,600
3 juin 1791, la métairie de la *Jurie* pour	14,800
7 juin 1791, la métairie de la *Bourdette de la Gleize* pour	16,600
8 juillet 1791, *le Labourage* de Boulauc pour	59,200
Total. . . .	150,200

Leur valeur avait été préalablement estimée, avec les bâtiments du couvent par des experts, et évaluée à une somme de 177,605 livres 1 sol 6 deniers, et leur revenu porté à celle de 18 livres 058 l. 4 sols 9 deniers. Les autres immeubles, sur d'autres points, subirent le même sort (1).

C'était le tour des bâtiments.

Aux termes de la loi du 28 ventose an IV, on soumit préalablement à une estimation les bâtiments du monastère et son église. Les experts Pader et Durand remirent, le 21 ventose an V, le travail préparatoire qu'ils avaient fait et où ils évaluèrent les bâtiments à une somme capitale de 43,996 fr., comme produisant un revenu de 2,402 fr.

D'après ces bases officielles, les immeubles furent mis à l'encan le 23 ventose an V, devant les administrateurs du département du Gers, en présence du commissaire du Directoire exécutif, aux clauses et conditions suivantes :

« Le ci-devant couvent de Boulauc, la ci-devant
» église, appartenant aux ci-devant religieuses, sont
» vendus, francs et libres de toutes dettes, rentes,
» redevances et hypothèques, de contenance de deux
» hectares cinquante-trois ares vingt-cinq centiares.
» Toutefois, sans autres titres de propriété que ceux qui
» pourront être amiablement remis, et sans aucun re-
» cours contre la République venderesse, etc., le prix
» en sera payé en deux pactes, dont le dernier à trois
» mois, entre les mains du receveur des domaines na-

(1) Archives de la préfecture d'Auch

» tionaux et en *mandats territoriaux* ou promesses de » mandats, etc., etc. »

Il y eut adjudication en faveur du citoyen Jacques Peyrussan, habitant d'Auch, moyennant le prix de 43,996 francs, plus les frais se portant à 388 fr. payables en argent. La somme de 1,776 fr. fut presque immédiatement soldée en numéraire par l'acquéreur (1).

Le restant du prix de l'adjudication fut payé au receveur des domaines, suivant quittances des 4 et 30 germinal an v (2).

Cependant, Jacques Peyrussan ne voulut pas conserver longtemps son acquisition ; car il en fit la cession, par une déclaration de command, en faveur d'un nommé Roubineau.

Celui-ci, à son tour, les céda à la dame Marie-Sophie Maigné, épouse divorcée du citoyen François Cabibel, demeurant à Paris.

Le 24 germinal de l'an xii et devant Me Boileau, notaire à Paris, la dame Maigné en consentit la vente au citoyen Louis Fraisneau, ancien entrepreneur de fournitures de la garde et de la maison des consuls et de la première division militaire.

Le citoyen Fraisneau éprouva des revers de fortune, ses biens furent saisis. Ils comprenaient les bâtiments du monastère de Boulauc qui sont vendus, sur sa tête, aux criées du tribunal de la Seine, à l'audience du 9 janvier 1806, et adjugés, moyennant la somme de

---

(1) Archives de la préfecture du Gers. — Proces-verbaux administratifs.
(2) Bureau des hypothèques d'Auch.

9,650 fr., au sieur Jean-Auguste Sévène, banquier à Paris.

Etait-ce de sa part une pure spéculation financière, ou bien le doigt de la Providence se montrait-il déjà?

RESTAURATION.

Nous arriverons bientôt à ces décrets réparateurs du 18 février 1809 ; mais, entre les temps révolutionnaires et cette époque, il se passa autour des murs de l'établissement abandonné, et comme une heureuse transition, des incidents nombreux où jouèrent un rôle sublime deux nobles religieuses dont la biographie serait digne d'inspirer la plume la plus habile.

C'étaient les dames Thierry et Claire-Martine-Gabrielle de Latour.

Au premier ébranlement de leur maison de prédilection, elles n'avaient pas fui, on les en avaient chassées et elles en étaient sorties les dernières ; mais elles ne s'expatrièrent pas, elles se cachèrent au péril de leur vie et au prix des plus grandes privations aux environs du monastère, ne le perdant pas de vue et rêvant à un avenir meilleur pour préparer sa restauration et le relever de ses ruines. Tant de résignation, de persistance, d'habileté et de courage eurent leur prix, et leurs jours furent respectés, comme si la Providence s'était chargée de réaliser cette pensée si vraie : « Qu'on ne poursuit que ceux qui fuient. »

MADAME DE LATOUR.

Mme de Latour était née à Toulouse en 1765. Son père, professeur *royal en médecine* de l'hôpital de la Grave, au faubourg St-Cyprien, était peu favorisé de la fortune et ne pouvait laisser à ses enfants qu'un patrimoine insuffisant pour occuper dans le monde un rang en rapport avec l'honorable position qu'il s'y était acquise par son talent. L'un de ses fils entra dans les ordres religieux ; sa fille, Claire Martine-Gabrielle, fut mise sous la protection d'un de ses oncles, curé de Noë, près Rieux, qui, dès son plus bas âge, la fit entrer dans le couvent de *Longages* pour y faire son éducation. Mais sa vocation était marquée, et, dès qu'elle eût atteint l'âge requis pour contracter des vœux, elle y prit le voile et y devint religieuse, à la grande satisfaction de son protecteur, le curé de Noë, et de son frère, le prêtre, dont elle eut longtemps à pleurer la fin tragique ; car il mourut sur l'échafaud révolutionnaire, martyr de sa foi.

De tels événements, au lieu de l'abattre, ne firent qu'accroître ses convictions, exalter son courage et lui suggérèrent une règle de conduite qui ne se démentit jamais dans le cours de sa longue existence, terminée en 1837, à soixante-douze ans.

Dans les circonstances les plus difficiles, au milieu de ces commotions populaires où elle courait les plus grands dangers, elle ne cessa de donner l'exemple d'un

calme et d'une force d'âme, où la hardiesse des déter-
minations le disputait à la sûreté du coup d'œil et à
une constance inébranlable pour arriver à son but.

L'orage révolutionnaire s'était un peu calmé, mais
pour gronder encore deux ans plus tard avec la dernière
violence. Les religieuses du monastère de Boulauc
avaient essayé de sortir de leurs cachettes pour se
livrer à l'éducation des jeunes demoiselles. Une de ces
respectables religieuses, madame Thierry, s'étant retirée
à Toulouse, commença à prendre une courageuse résolution en ouvrant d'abord une école d'enseignement.
Un acte si beau ne devait pas rester sans récompense;
et ici la Providence se montre d'une manière trop visible pour n'y pas trouver le doigt de Dieu.

Cette vénérable victime des temps révolutionnaires
comptait *parmi ses élèves la fille même de l'acquéreur
du couvent*; et aussitôt, par une négociation dont nous
ne connaissons pas malheureusement toutes les circonstances, un marché fut conclu entre la dame Thierry et
M. Sévène, par lequel celui-ci abandonnait, à titre de
location, tous les bâtiments du monastère à la religieuse Thierry, moyennant la somme de trois cents
francs par an. On croit dans la communauté que ce
fut lui qui prit l'initiative de cette généreuse proposition. Madame Thierry reprit possession du couvent de
Boulauc, à titre de locataire seulement, avec un titre
magnifique, toutefois, celui de directrice d'une école
nouvelle d'enseignement. Madame Thierry, toujours
providentiellement inspirée, jeta les yeux, pour se les
associer dans cette œuvre méritoire et de dévoûment,

sur cinq autres religieuses, parmi lesquelles se trouvait l'admirable organisatrice dont nous voulons parler, Mme Latour, qui en devint la première supérieure après la révolution.

Jamais choix n'avait été plus heureux ; jamais sujet plus digne d'entrer dans les desseins de la Providence pour cette espèce de restauration : plus les temps étaient difficiles, menaçants, pleins d'obstacles, plus son courage éclatait, plus les ressources de son esprit se trouvaient inépuisables et à la hauteur de la sublime et dangereuse mission qu'elle s'était cru appelée à remplir sur la terre pour le bonheur de ses semblables, pour le rétablissement de l'ordre social et de la religion.

Mais la maison d'institution de madame Thierry ne prospérait pas au gré de ses désirs, même au prix des plus grands sacrifices ; la secousse sociale avait été trop violente ; ses effets étaient encore trop récents pour ne pas intimider ; les esprits n'étaient pas complètement rassérénés. Les parents hésitaient, les élèves ne venaient pas ; en vain un prospectus est-il mis en circulation, même pour essayer d'opérer une réunion... une congrégation.

C'était trop tôt... ces religieuses avaient moins écouté les conseils de la prudence que cédé aux entraînements de leur abnégation, et à peine avaient-elles pu se fixer dans leur pensionnat de Boulauc que de nouveaux orages éclatèrent, les forçant à se disperser, à se cacher de nouveau.

Cependant une religieuse, madame Latour, ne perdit

pas espoir, et, toujours confiante en la mission qu'elle croyait avoir reçue, elle choisit sa retraite à côté du couvent près du danger : loin de s'éloigner, elle cherche un gîte quel qu'il fût. Elle se retira d'abord au faubourg de Cahuzac, près de Gimont; puis, elle se rapprocha encore de Boulauc en demandant asile à un petit propriétaire de St-Caprais, à 4 kilomètres de Boulaur. Le sieur Furon lui offrit presque « une *hutte*, car c'était une maison abandonnée pour cause de vétusté. »

Cet asile de simple surveillance allait bientôt devenir un véritable poste de combat, et celle qui s'y montrera une héroïne n'aura cependant pour toute arme que la foi, la résignation, la persistance pour arriver à son but au risque de sa vie peut-être, au moins de sa tranquillité.

Là elle appelle auprès d'elle une de ses anciennes compagnes, la dame de Sarrieu, pour partager ses périls et sa gloire; et, toutes deux, fugitives résignées, elles se consolaient dans l'espoir d'un meilleur avenir, la réalisation de ce rêve de toute leur vie : « la restauration de leur couvent, » ce lieu où, en prenant le voile, elles avaient juré de vivre et de mourir.

Mais il fallait une occasion pour mettre à l'épreuve un si beau caractère. Elle se présentera bientôt; madame de Latour la provoqua en quelque sorte par une démarche assez téméraire.

Un jour, elle apprend avec effroi qu'une bande de démolisseurs a pénétré dans le couvent pour commencer son œuvre de destruction. Elle n'hésite pas; elle revêt

de grossiers habits de servante, monte à cheval et se
rend à Boulauc, accompagnée de son fidèle Furon. Elle
entre résolûment dans le monastère où elle trouve
« un nombre d'hommes armés de marteaux, de tenail-
» les, de pioches, d'outils de toute sorte dont ils se ser-
» vaient déjà pour enlever la rampe en fer qui déco-
» rait le grand escalier. »

Elle s'avance calme et confiante, leur parle avec dou-
ceur, et leur fait remarquer combien est blâmable et
sacrilége cet attentat brutal dans la maison du Seigneur (1).

A cet aspect inattendu, dans un pareil moment d'ef-
fervescence populaire, en présence d'un tel courage
chez une femme d'une corpulence si faible, si souffre-
teuse, et cependant d'une attitude si digne, les démolisseurs s'arrêtent, étonnés, confondus; les instruments
s'échappent de leurs mains, et une seule parole, mais
unanime, mais profondément sentie, s'échappe de leur
poitrine : « Madame, jamais nous ne reviendrons au
» couvent pour pareille besogne. »

De ce moment, l'acte de destruction est arrêté dans
sa marche; mais la restauration du couvent reste à
faire, et cette œuvre commencera quelques années
après avec le nouveau siècle qui allait apparaître.

En 1800 et 1081, madame de Latour rentre au
couvent, mais comme simple locataire et en payant les
trois cents francs, stipulés par M. Sévène, avec madame
Thierry, au lieu et place de laquelle elle se substitue.

---

(1) Tradit. loc., Mémoires manuscrits du couvent.

Elle y appelle madame de Sarrieu, et, toutes deux, elles ouvrent un *pensionnat* pour les jeunes Demoiselles, ainsi qu'un asile pour les pauvres.

Leur bonté, leur courageuse résignation au milieu de tant d'obstacles inspirèrent bientôt le respect, et leur concilièrent tous les cœurs : aussi vit-on ces bons villageois venir à leur secours dans l'état de pénurie extrême où elles se trouvaient : les uns leur apportaient des denrées, des fruits, d'autres fournirent des meubles.

Cela dura jusqu'en 1804.

A cette époque encore, la maison religieuse était fermée, l'église était délabrée... A force de soins et de sollicitations, madame de Latour parvient à la rendre au culte en obtenant de l'Evêque d'Agen et du Ministre l'autorisation de la rouvrir.... Mais les vases sacrés, les ornements manquent; qui les fournira? Son esprit n'est pas à bout de ressources; elle se souvient qu'elle a conservé avec un respect filial « les belles robes de soie de sa mère; » quel meilleur usage pourra-t-elle en faire que d'en composer des ornements d'église : l'exécution suivit aussitôt une détermination si heureusement inspirée (1).

Cet exemple provoqua de généreuses donations, et avec un succès si prodigieux « qu'avant de rendre son » âme à Dieu, madame de Latour eut la satisfaction » de voir dans la sacristie un bon nombre de chasu- » bles *bien propres* et tout ce qui était nécessaire pour

(1) Historique. — Tradition locale et manuscrits du couvent.

» y faire les offices d'une manière convenable (1). »

Le pensionnat et l'école se soutinrent, et même prospérèrent jusqu'en l'année 1816.

A cette époque, madame de Latour appelle auprès d'elle une de ses anciennes compagnes, la dame Laïrle. A ce moment, les vocations commencent à se manifester ; les demoiselles Bacon-Colomès demandent à prendre le voile. Elles sont reçues avec empressement pour faire leur noviciat.

Mais comment songer sérieusement à fonder un établissement durable dans une maison où l'on n'est qu'à titre de simple locataire ? Le bail peut finir d'un moment à l'autre. Madame de Latour fait cesser cette situation précaire ; elle propose au propriétaire de lui acheter sa maison ; on tombe d'accord ; l'acte est passé en 1819, et madame de Latour la paie de ses deniers, au moyen des ressources qu'elle puise dans sa famille (2).

Il fallut quelque temps pour restaurer l'établissement et l'approprier à son ancienne destination, et ce ne fut qu'au mois d'octobre de l'année 1819 que cette sainte femme put enfin commencer son association religieuse, ce divin rêve de toute sa vie. L'agrément de monseigneur l'évêque d'Agen ne se fit pas longtemps attendre, et la clôture du nouvel établissement fut faite en grande cérémonie le 21 octobre 1819, par monsieur le vicaire général Fénasse, qui donna, en même temps, l'habit religieux au deux demoiselles Bacon-Colomès (3).

---

(1) Souvenirs personnels d'une religieuse de l'établissement.
(2) L'acte fut retenu à Auch par Me Solon, notaire : le prix fut 10,000 fr.
(3) Registres d'ordre de la communauté.

Fatiguée par de si fortes émotions, épuisée par l'âge, la supérieure de Boulauc, la restauratrice du couvent, dame Claire-Martine-Gabrielle de Latour, rendit son âme à Dieu le 28 mars 1837, à l'âge de 72 ans.

Ce fut une désolation dans la communauté ; les religieuses venaient de perdre leur excellente mère ; ce fut aussi un deuil général à Boulauc ; les bons villageois perdaient aussi en elle l'institutrice de leurs enfants, leur directrice dans les affaires de conscience. Elle leur inspirait toujours d'excellents et judicieux conseils à donner dans les affaires privées.

Son corps fut inhumé dans le champ du repos de la paroisse. Aucune distinction, pas la moindre pierre, moins encore d'inscription ne distinguait sa tombe de celle des autres.

Et cependant, le croirait-on, cette bière sera bientôt l'occasion d'un grand scandale, mais par un sentiment sur le mobile duquel il ne faudrait pas se tromper et qu'il sera facile de comprendre à la seule narration du fait.

En l'année 1842, les religieuses obtinrent l'autorisation d'établir pour elles un cimetière dans l'enceinte de l'enclos du couvent. Elles avaient en même temps demandé et obtenu la permission d'y faire transporter les restes de madame Latour. C'était de leur part un sujet d'orgueil bien légitime et de reconnaissance bien comprise ; mais un sentiment de même nature s'était emparé de l'esprit de la population qui ne tenait pas moins à ce que le corps de cette sainte femme demeurât au cimetière de la paroisse comme une précieuse relique.

La nouvelle de la prochaine translation des restes de madame Latour produisit donc une vive impression parmi les gens du village et tous s'en exprimaient hautement en manifestant leur mécontentement d'une pamesure. « Ils ne souffriraient pas, disaient-ils, que ces » restes fussent séparés de ceux de leurs parents. »

La nuit qui précéda la cérémonie de l'exhumation, ils entrèrent au cimetière de la paroisse armés d'outils, le labourèrent, le bouleversèrent à tel point qu'il devenait impossible « de *reconnaître l'endroit* où la religieuse » avait été enterrée,» ce qui rendait l'exhumation inutile et la translation impossible puisqu'on pouvait se tromper de corps.

Quoique la tombe fût déjà prête dans le nouveau cimetière, et la pierre qui devait la recouvrir préparée, la cérémonie ne put avoir lieu, et l'on fut obligé d'y renoncer.

L'autorité s'en émut, elle voulait persister, et l'on parlait de l'envoi à Boulauc de la force armée pour arrêter les fauteurs de pareils désordres et faire respecter la loi. Les divers magistrats de la localité et du chef-lieu départemental se concertèrent, le chef du clergé fit renoncer les dames religieuses à leur projet, et, pour éviter une collision, on laissa les choses en l'état. On attribua cette résolution pacifique à l'opinion naïvement exprimée d'un magistrat rural qui ne voyait pas, disait-il, « la nécessité de *remuer* la cendre des morts » au risque d'exposer les jours des vivants. »

Telle était la pensée du peuple à l'occasion de madame Latour; cette détermination de conserver son tombeau par respect pour des cendres vénérées qui protégeaient celles de leurs ancêtres, était une sorte d'oraison funèbre qui avait bien aussi son éloquence (1).

Quelques années avant, en 1818, il y avait eu au village une première émeute, que madame Latour ne parvint pas à calmer, malgré son ascendant bien marqué sur l'esprit de la population de Boulauc.

Elle était un peu dirigée contre l'administration, et à cause de *droits de dépaissances*, dont les habitants jouissaient en commun dans les prairies communales appelées *Les Péchédés.*

Afin de créer des ressources plus positives aux communes de Tirent et de Boulauc, on avait imaginé de les mettre *en fermage*, et les corps municipaux des deux localités furent unanimes pour adopter ce système proposé par l'administration. C'était enlever le précieux droit de dépaissance aux propriétaires qui retiraient un produit certain de l'élevage et de l'engraissement de leurs bestiaux. On commença par crier, à la première défense qui fut faite de conduire des bestiaux *aux péchédés;* puis les contraventions continuèrent; mais on éleva une barrière pour protéger la propriété. Après les déclamations furibondes vinrent les voies de fait : chaque nuit, la clôture était mise en pièces, et il fallut l'emploi de la force publique pour la faire respecter. Comme toujours, l'émeute avait un chef ; et comme toujours aussi, surtout dans ce pays de Gascogne, ce

(1) Détails historiques puisés dans les rapports officiels.

chef était un peu poète. Il composa quelques rimes pour servir de point de ralliement et encourager les récalcitrants dans leur œuvre.

Ces vers respiraient l'esprit du terroir : c'était une sorte d'allusion aux promoteurs de la mesure, « aux riches qui voulaient ainsi écraser les pauvres. » On désignait même leur demeure. Elle était située sur la côte, là où se trouve le *terrain léger*, la *boulbène*, par opposition au *terrain fort* qui est dans la plaine, dans ces prairies où les usagers voulaient exercer leurs droits. Et l'on disait en chantant :

> « Jamès la boubéo
> » Nou balera lou terro-hort. »

> « Que jamais la *boulbène*
> » N'équivaudrait au terrain *fort*. »

Puis venait le refrain en forme de défi :

> « Plaou, plaou
> » Sou péchédé de Boulaou.
> » Las herbetos
> » Nechéran.....
> » Et las nostos muletos
> » Péchéran; » etc., etc., etc.

C'est bien là le caractère de cette vieille verve gasconne, surgissant en éclairs de gaîté avec les jeux de mots piquants, les fines allusions.

Il fallut en venir aux moyens de rigueur. Les maires des deux communes, revêtus de leur écharpe, arrivèrent sur les lieux pour faire les sommations et dresser des procès-verbaux contre les délinquants; quelques arrestations furent même opérées, et une double instance fut engagée par la voie criminelle et civile. La première fut abandonnée après décision négative sur la compétence : on plaida, au fond, devant deux juridictions successives, et, sur le fondement de l'acte du 11 mars 1696, invoqué par les usagers, l'administration fut déboutée de ses prétentions et vit tous ses actes annulés. Le droit de pacage fut maintenu au profit des habitants de Boulauc, qui l'exercent encore de nos jours.

Telle fut cette sorte de prise d'armes, où les dames du monastère montrèrent une attitude complètement passive, n'ayant pu jouer le rôle actif de conciliateurs (1).

SITUATION ACTUELLE.

Au moment où éclatait encore en France une nouvelle révolution qui amena un gouvernement d'un régime plus parlementaire, la maison des religieuses de Boulauc était restaurée, et leur couvent rétabli dans ses anciennes franchises et privilèges, c'est-à-dire que l'établissement avait revêtu un caractère religieux qui pouvait donner à celles qui devaient s'y retirer une qualité double en quelque sorte, celle de religieuses et de bienfaitrices.

En effet, pour se rendre utiles au pays, tout en se vouant au culte de leur religion selon les règles les plus

(1) Archives du tribunal d'Auch et de la préfecture du Gers.

austères, elles voulurent que le couvent devînt un asile
où pourraient se retirer celles dont la vocation les
faisait aspirer à abandonner le monde et à se cloîtrer.
Il offrait aussi tous les avantages d'un pensionnat parfaitement organisé pour l'éducation des demoiselles de
bonne maison, des familles aisées du pays, de même
qu'une école gratuite de morale et d'enseignement pour
les enfants des classes pauvres de la paroisse.

Cependant le couvent n'était pas à bout de nouvelles tribulations, et il éprouva deux secousses dont il
parvint heureusement à triompher; c'était un procès-
civil mettant en question les propriétés territoriales, et
un acte de prohibition gouvernemental sur le droit de
pratiquer l'enseignement public en dehors des lois aca-
démiques et contrairement aux prescriptions des lois sur
l'instruction publique; enfin de se constituer en communauté religieuse avec pouvoir de recevoir des biens.

VOICI LE PREMIER FAIT :

Madame de Latour, supérieure et propriétaire du
couvent de Boulauc, avait institué pour son héritière
générale et universelle, par un testament olographe daté
du 15 février 1836, dame Jeanne-Marie-Monique Ba-
con Colomès, religieuse du couvent.

Un an après, environ et le 28 mars 1837, madame de
Latour était décédée. Elle avait des parents, des membres de sa famille, à des degrés plus ou moins rapprochés qui existaient encore et qui habitaient dans le département du Gers et à Paris; mais elle n'avait nulle-

ment songé à leur laisser une part dans sa succession;
elle n'avait voulu que rendre à Dieu ce qu'elle tenait si
miraculeusement de la providence après de grandes
épreuves.

Cependant ces prétendus héritiers naturels de madame de Latour se réveillèrent, vers l'année 1844, et
firent un acte de démonstration contre le couvent de
Boulauc.

Ils attaquèrent le testament de Madame de Latour par
devant le tribunal civil, ayant la prétention de le faire
casser et *annuler,* les moyens pris : « 1º De ce que la
» dame Latour avait recueilli dans les successions de
» ses auteurs des sommes relativement considérables,
» offrant de prouver, par titres et témoins, que la tota-
» lité de ces sommes s'élevait à plus de trente mille francs;
» 2º De ce que le testament portait en outre des traces
» de substitution prohibée par les lois nouvelles. »

Mais par son jugement en date du 24 juin 1844, lequel fut complètement confirmé en appel devant la cour
d'Agen, le tribunal d'Auch rejetta ces prétentions, dé-
bouta les héritiers naturels de leur demande et rétablit
la testatrice, ou son héritière dans ses droits un moment
contestés. La joie et la confiance revinrent au couvent
de Boulauc (1).

SECOND FAIT :

Victorieuses sur un point qui touchait à leur bien-
être matériel, à l'existence et à la propriété du bâtiment qui leur servait d'habitation et de refuge, les re-

---

(1) Greffes du tribunal d'Auch et de la cour d'Agen.

ligieuses sont attaquées d'un autre côté sur leur existence légale comme corps enseignant, et leur institution
comme communauté. On ne savait d'où partait le coup;
mais on soupçonna qu'il venait de la même main qui
avait soulevé l'incident principal devant la magistrature
du pays.

C'était en l'année 1845; il y eut prohibition d'ouvrir
une école et ordre de fermer l'établissement.

Il y avait alors au Pouvoir deux personnages du pays,
MM. de Salvandy, ministre de l'instruction publique,
et Dumon, ministre des travaux publics, qui avait été
quelque temps intérimaire du département de son col-
lègue. Par l'intervention officielle et bienveillante d'un
honorable député du Gers, M. Barada (1), et avec l'in-
sistance du membre du Conseil général du canton de
Saramon, M. Ferdinand Cassassoles (2), une demande
fut présentée au Gouvernement par les dames religieuses de Boulauc « tendant à obtenir l'autorisation d'ou-
» vrir une école et de se *constituer légalement en com-*
» *munauté* (3).»

L'affaire fut instruite administrativement, et, sur les
lettres de M. le préfet du Gers, de St-Marsault, et de
Mgr de Lacroix d'Azolette, archevêque d'Auch, le conseil municipal de Boulauc fut appelé à délibérer.

Dans sa séance du 30 mars 1845, le conseil municipal de Boulauc prit une délibération portant « qu'à
» l'unanimité le conseil émettait le vœu que les *sœurs*

(1) Voir Lettres des ministres, aux Preuves.
(2) Voir Lettre du député, aux Preuves.
(3) Voir Lettres du conseiller général, aux Preuves.

» *fontevristes du couvent de Boulauc* fussent, confor-
» mément à leurs désirs, autorisées à se constituer
» légalement en communauté.»

Par les motifs :

« Que le couvent de Boulauc était autrefois un éta-
» blissement de la plus grande importance, dont la
» fondation reculée se perd dans la nuit des temps...

» Qu'il est approprié d'une église qui peut être con-
» sidérée comme un monument de l'art, et de bâti-
» ments immenses solidement construits que le vanda-
» lisme de 1793 a, par un effet tout providentiel, en-
» tièrement respecté...

» Que sa situation topographique est des plus avan-
» tageuses; situé sur un plateau... au point d'intersec-
» tion de deux routes départementales qui le mettent
» en communication avec Auch, Toulouse, Gimont,
» Saramon et Lombez...

» Que l'esprit de charité, de sagesse, de religion et
» d'ordre qui préside à la direction de ces sœurs leur
» a toujours concilié, et leur concilie plus que jamais,
» l'estime, le respect et la vénération des habitants du
» pays (1).»

Cette proposition fut officiellement portée au conseil
d'Etat où intervint une solution favorable qui prépara
l'ordonnance royale du 13 mai 1847, autorisant « le
» couvent de Boulauc à se former en communauté
» avec pouvoir d'accepter des donations d'immeu-
» bles (2).»

---

(1) Délibérations du conseil municipal du 30 mars 1845.
(2) Ordonnance royale, *Bulletin* nº 1385, année 1847, 13 mai.

SITUATION ACTUELLE.

La situation du couvent de Boulauc peut être ainsi présentée à cette époque si impatiemment attendue d'une confirmation de reconnaissance légale.

L'établissement possédait et possède encore aujourd'hui en immeubles territoriaux :

1º Une métairie dite à *Labarthe*, commune de Lartigue;

2º Une métairie dite à *Embertranon*, située dans la commune de Laurac, qui avait été confisquée et vendue révolutionnairement, et que Mme de Latour était parvenue à racheter comme faisant partie des anciennes possessions du couvent dans ce territoire, en vertu des titres sus-énoncés (V. suprà);

3º Des pièces de terre détachées et des prairies;

4º Les bâtiments du couvent et de l'église.

La contenance de ces immeubles est d'environ quatre-vingts hectares, et leur valeur vénale de 80,000 francs environ, plus la valeur des bâtiments.

Quant au personnel :

Il se compose de dix-neuf religieuses;

SAVOIR :

Religieuses de chœur. . . . . 11 ⎫
Religieuses converses. . . . . . . 8 ⎬ 19
⎭

Plus les élèves pensionnaires,

Et les élèves externes, ces dernières instruites gratuitement.

11

CONCLUSION.

Tel est aujourd'hui le couvent de Boulauc si pieuse-
ment créé par l'intervention généreuse de puissantes
maisons, protégé si miraculeusement dans les mauvais
jours, et conservé dans un état de prospérité crois-
sante par le courage, la résignation et l'habileté de cette
longue série de supérieures qui en ont eu la direction
pendant tant de siècles.

En effet, fondé au milieu du XIIe siècle par la noble
initiative d'une grande dame de la puissante famille des
comtes d'Astarac, descendants eux-mêmes des anciens
ducs de Gascogne; aidé, encouragé par le bienveil-
lant appui des meilleures maisons seigneuriales de
Gascogne, par le concours actif d'éminents prélats du
siége diocésain, il arrive florissant et respecté jusqu'au
grand naufrage du dernier siècle, et il en échappe heureusement par l'intervention providentielle d'une sainte
femme dont l'âme courageuse sut en imposer à d'aveu-
gles démolisseurs, et qui, par les ressources infinies
d'un esprit éminemment organisateur, put aboutir à sa
réédification et amener sa prospérité actuelle sous la
protection réparatrice de gouvernements réguliers.

En entrant aujourd'hui dans cette maison où l'on reçoit un accueil hospitalier, on dirait que l'ombre de
Mme de Latour le protége encore, car sa mémoire est
toujours en profonde vénération dans cette communauté,

où vivent en paix dans la retraite, heureuses du bien qu'elles répandent autour d'elles, en instruisant de jeunes filles, en moralisant les enfants du peuple, ces respectables religieuses qui se pénètrent des traditions de leurs devancières, et qui s'inspirent de leurs vertus dans la direction d'un établissement et dans l'exercice d'un pouvoir successivement délégués, et dont elles se montrent les dignes dépositaires.

FIN.

www.ingramcontent.com/pod-product-compliance
Lightning Source LLC
Chambersburg PA
CBHW050000100426
42739CB00011B/2450